COLLECTI[illegible] BLANCHE

« Tout a commencé quand j'ai découvert un cadavre au bord du fleuve… » (p. 7)

Joachim Patinir, *Saint Christophe portant l'enfant Jésus* (vers 1521). Musée de l'Escorial, Casa Real, Madrid.

2,50 €

Sigrid Heuck

Traduit de l'allemand
par Dominique Miermont

LE SECRET DE MAÎTRE JOACHIM

GALLIMARD

Août 1520
J'ai fait présent à maître Joachim de gravures pour la valeur d'un florin parce que son valet est venu travailler pour moi et qu'il m'a prêté ses couleurs, et j'ai donné pour trois livres de gravures à son valet.

20 avril 1521
J'ai fait le portrait de maître Joachim au crayon, et un autre également au crayon.

5 mai 1521
Le dimanche précédant la semaine de Pâques, maître Joachim, le grand peintre paysagiste, m'a invité à ses noces et m'a reçu avec tous les honneurs.

20 mai 1521
J'ai fait pour maître Joachim quatre petits saint Christophe sur papier gris.

Albrecht Dürer,
Extrait du *Journal de voyage aux Pays-Bas*

Un jour, j'ai trouvé dans ma boîte aux lettres une épaisse enveloppe de couleur jaune. Elle ne portait aucun nom d'expéditeur. C'était pourtant un jour comme un autre.

Il pleuvait. Des lambeaux de nuages gris flottaient au sommet des collines. La pluie creusait de petites rigoles le long des pentes et formait des flaques de plus en plus grandes. Les arbres étaient nimbés de bruine.

Quand je sortis l'enveloppe de ma boîte, des gouttes tombèrent sur l'adresse écrite à l'encre et l'effacèrent. J'imaginai un manuscrit envoyé par quelqu'un qui comptait sur mon aide pour le publier, comme cela arrive parfois.

Sans entrain, et peu curieux d'en connaître le contenu, je posai l'enveloppe près d'un tas d'autres lettres en attente. Elle y resta quelques jours. La pluie continuait à tomber à verse, les ruisseaux sortaient de leur lit, et même les chats préféraient rester à l'intérieur plutôt que d'aller chasser les mulots dans les prairies détrempées.

Je n'avais donc rien d'autre à faire qu'à répondre au courrier en souffrance et, un soir, il ne resta plus que la mystérieuse lettre sans nom d'expéditeur.

C'était un manuscrit composé de quatre cahiers d'écolier tout à fait ordinaires. Il y avait des chiffres romains sur les étiquettes, et sous chaque chiffre un titre. Par exemple : « Le Tableau » ou « Le Chemin ».

Chaque cahier se terminait par un certain nombre de pages blanches, comme si l'auteur avait tenu absolument à bien séparer les différents chapitres. L'écriture était droite et assurée, mais il me sembla qu'elle révélait un écrivain encore assez jeune. Les majuscules étaient nettement plus grandes que les minuscules, et les *g* se terminaient parfois par une boucle alambiquée. Au fil du texte, l'écriture était de plus en plus négligée, comme si l'auteur avait été pressé par le temps. Cela donnait l'impression qu'il avait bien réfléchi au début et qu'il avait repris ensuite sa façon d'écrire habituelle. Il y avait parfois comme un dérapage à la fin des lignes et une confusion entre les *n* et les *m.* J'avais cependant le sentiment que l'auteur devait non seulement être d'une intelligence hors du commun mais également très doué sur le plan artistique, quoique assez renfermé. En outre, il semblait faire partie de ces gens qui sont fiers de leur écriture au point d'en être presque amoureux.

S'il était plutôt étrange qu'aucun nom d'expéditeur ne figurât sur l'enveloppe, il me sembla encore plus curieux de ne trouver aucune lettre. Cela voulait dire que le mystérieux expéditeur n'attendait pas de réponse. Mais que voulait-il alors ? Comme je ne pouvais m'expliquer un tel comportement, il ne me restait plus qu'à lire ce manuscrit. Peut-être allais-je y trouver la réponse à toutes mes questions. Accompagné par le bruit de la pluie, je l'ouvris à la première page.

Première partie

Le tableau

I

Tout a commencé le jour où j'ai découvert un cadavre au bord du fleuve.

Deux hommes retenaient l'étroit radeau sur lequel il était attaché mais, tel que j'étais placé, je ne pouvais pas voir s'ils étaient en train de le tirer vers la terre ferme ou de le pousser dans le courant.

Le mort portait une tunique rouge et un pantalon de couleur claire qui devenait nettement plus foncé à partir des genoux. Cela donnait l'impression qu'il avait pataugé dans un marécage avant de mourir. Un bout de papier était glissé sous sa ceinture.

Le fleuve était calme. Non loin de l'endroit où se trouvait le cadavre, il se divisait en deux bras enserrant une île rocheuse au sommet de laquelle se dressait un puissant château fort. Un peu plus loin, le fleuve se jetait dans la mer. Sur la rive droite, là où la terre ferme prenait fin et où l'eau s'étendait jusqu'à l'horizon, on pouvait voir une ville.

J'examinai longuement le cadavre en me demandant qui c'était et comment il était mort. Avait-il été assassiné ? Que signifiait la présence de ce bout de papier sous sa ceinture ? Etait-ce une lettre, un testament, ou tout simplement une feuille blanche ?

Plus je réfléchissais, plus l'envie d'élucider cette affaire devenait une obsession et, aujourd'hui encore, je pense que j'étais littéralement ensorcelé.

Ce fut d'abord une lubie qui s'empara de mon esprit et qui contamina lentement mon corps, comme une maladie ; à peine sensible au début, elle se mit à m'envahir inexorablement. Il me devint difficile de penser à autre chose. Les événements du quotidien passèrent au second plan. L'école, ma vie avec ma mère, plus rien n'avait d'importance. Peut-être étais-je vraiment envoûté, car l'aventure qui m'est arrivée me semble absolument mystérieuse. Mes facultés sensorielles se sont développées d'une façon inouïe que nous sommes incapables d'expliquer avec nos connaissances modernes. Je ne supporte plus de me taire et, comme je ne peux raconter mon histoire à personne sans qu'on me prenne pour un fou, je vais essayer de l'écrire. Il est possible que, par la suite, je déchire ce manuscrit ou que je le brûle. Ce serait peut-être le moyen de tout oublier.

Cette entreprise est donc pour moi une façon d'essayer de retrouver la paix intérieure, et j'espère y parvenir.

Les garçons de mon âge travaillent pendant leur temps libre, vont en boîte avec leurs copines ou passent des heures devant leur ordinateur. Moi, les discothèques ne m'intéressent pas, et les ordinateurs encore moins. Les filles rient sous cape quand elles me croisent. Quant à mes cours, je les apprends pendant les récréations ou dans le bus. Mes matières préférées sont le dessin, la littérature et la musique, mes passions : la lecture et la peinture.

Cela agace souvent ma mère. Elle trouve que je devrais faire plus de sport. C'est bon pour la santé, paraît-il. Mais je ne suis pas du genre sportif. Depuis que mon père l'a quittée, elle travaille à nouveau dans une pharmacie, comme avant son mariage. N'ayant ni frère ni sœur, je suis presque toujours seul à la maison pendant la journée. Je lis ou j'écoute de la musique, je peins aussi parfois. Jamais d'après nature ; je peins seulement ce qui me passe par la tête, ce que j'ai vu en rêve ; ou bien j'essaie d'illustrer les pensées qui me préoccupent. Tout cela, je le cache à ma mère ; elle se moquerait de moi et me répéterait pour la centième fois que je ferais mieux d'aller prendre l'air.

Les livres que j'ai envie de lire, je les emprunte à la bibliothèque car je n'ai pas assez d'argent de poche pour acheter tous ceux qui me plaisent. Mais, quand mon père m'envoie de l'argent, il m'arrive d'acheter un livre ou un disque.

Contrairement à ma mère, il ne me demande pas de lui rendre des comptes sur la façon dont je dépense mon argent.

II

Un jour, peu après le jour de mes seize ans, je flânais dans une rue lorsque je découvris devant une librairie une caisse contenant des livres à prix réduit. Je n'ai jamais su résister à l'envie d'aller fouiller dans ces caisses. Elles ont pour moi quelque chose de magique et j'y ai souvent trouvé des livres d'art qui auraient été trop chers pour ma bourse et que j'aurais dû me contenter d'admirer dans une vitrine.

Ce jour-là, j'ai découvert dans le tas un livre sur un peintre flamand ayant vécu à Anvers au début du XVIe siècle. Il avait pour titre : *Patinir ou l'harmonie du monde.* Dès le premier coup d'œil, je sus qu'il me fallait absolument posséder ce livre. Par chance, mon père m'avait offert cinquante marks pour mon anniversaire, je pus donc l'acheter sur-le-champ.

En l'emportant chez moi, j'étais loin d'imaginer ce qui m'attendait. J'ignorais que ce livre allait transformer ma vie.

Je viens de relire ces lignes, et je me rends compte que l'on pourrait croire que j'ai vraiment trouvé un mort au bord du fleuve. Certes, j'ai vu un cadavre, mais il figurait sur l'une des nombreuses reproductions de ce livre.

Patinir. Je n'avais jamais entendu ce nom auparavant. Je connaissais les tableaux de Jan Van Eyck et de Pieter Bruegel, dit « le peintre paysan », de Hieronymus Bosch et d'autres Flamands. Mais je n'avais pas souvenir d'avoir jamais vu un tableau d'un peintre nommé Joachim Patinir.

Ma première impression fut que ce peintre ne s'était intéressé qu'aux paysages. Mais, en examinant le livre de plus près, je découvris qu'il avait peint également la Sainte Vierge, saint Jérôme, saint Antoine et d'autres personnages bibliques.

J'examinai très attentivement chaque reproduction et contemplai longuement ces successions de collines traversées de rivières. Dans certains tableaux, il y avait des fleuves qui se jetaient dans la mer. Souvent, des nuages sombres et menaçants s'amoncelaient dans le ciel et les petites maisons des hommes semblaient bien fragiles et sans défense sous l'orage. De temps à autre, un château s'élevait sur une falaise et des villes lointaines se pressaient autour de hautes églises. Sur un tableau, saint Christophe traversait un fleuve en portant l'enfant Jésus, et c'est précisément là, sur la rive gauche, que je découvris le mort sur le radeau, le cadavre qui avait un papier glissé sous la ceinture[1].

III

Le soir, quand ma mère rentra du travail, elle fut assez mécontente. Après l'école, j'étais chargé de ranger la cuisine et de faire la vaisselle mais, ce jour-là, j'avais vraiment pensé à autre chose.

Quand ma mère est fâchée, elle essaie de me punir en ne m'adressant plus la parole. Aussi avons-nous dîné l'un en face de l'autre sans rien

1. On trouvera une reproduction de ce tableau pages 2 et 3.

nous dire. Cela me convenait parfaitement car je pouvais ainsi m'abandonner tranquillement aux pensées qui se bousculaient dans ma tête.

Je me demandais si la scène autour du mort et les autres événements dessinés à l'arrière-plan du tableau étaient mentionnés dans la légende de saint Christophe. J'avais déjà remarqué que les peintres de cette époque fixaient souvent dans un seul et même tableau des faits s'étant succédé dans le temps.

Cette explication s'imposait. Mais, comme je ne connaissais pas la légende de saint Christophe, je décidai de me procurer au plus vite un livre sur la vie des saints.

Dès le lendemain, je me rendis à la bibliothèque. Quand je lui fis part de ma demande, la bibliothécaire eut l'air quelque peu étonné. Elle connaissait mon intérêt pour les livres d'Erich Fromm ou de Castaneda, éventuellement pour Tolkien ou Umberto Eco, mais pour la vie des saints, ça non !

Toutefois, ce qu'elle pensait m'était bien égal. Elle alla chercher un livre dans un rayon et le posa sur la table devant moi. C'était : *La Légende dorée,* de Voragine.

– Que veux-tu en faire ? me demanda-t-elle, intriguée.

Je me contentai de hausser les épaules sans répondre.

A peine rentré, je me jetai sur mon lit et cherchai la légende de saint Christophe. Voici ce que je lus :

« Il était une fois un homme d'une taille imposante et d'aspect effrayant. Il avait décidé de se mettre au service du prince le plus puissant. Après de longues recherches, il se présenta chez un souverain dont les gens disaient qu'il était le plus puissant. Ce roi le prit immédiatement à son service.

Un jour, un troubadour arriva à la cour. Il chanta une chanson où revenait souvent le nom du diable. Comme le roi était chrétien, il faisait chaque fois le signe de croix. Le géant lui demanda ce que cela signifiait, et le roi lui expliqua :

– Quand quelqu'un prononce le nom du diable en ma présence, je fais ce signe pour me protéger, car je le crains.

Déçu, le géant répliqua :

– Si tu crains tant le diable, c'est qu'il est plus fort que toi. Comme je me suis juré de n'avoir pour maître que le souverain le plus puissant, je dois te quitter maintenant et chercher le diable pour qu'il devienne mon maître et moi son serviteur.

Sur ces mots, il s'en alla.

Peu de temps après, il rencontra dans une

région isolée une troupe de farouches cavaliers. L'un d'entre eux était particulièrement effrayant à voir.

– Où vas-tu ? demanda-t-il au géant.

Celui-ci lui dit qu'il était à la recherche du diable parce qu'il voulait devenir son serviteur. Alors le cavalier lui dit :

– Je suis celui que tu cherches.

Et aussitôt, le géant fit le serment de le servir pour l'éternité. Comme ils poursuivaient leur route, ils passèrent devant un calvaire. Le diable l'évita en faisant un grand détour à travers une contrée hostile. Le géant s'en étonna et en demanda la raison.

– Un homme a existé autrefois ; il s'appelait Christ et fut cloué sur la croix. Et, parce qu'il était le Fils de Dieu, je redoute les croix.

– Donc ce Christ est plus puissant que toi, constata le géant. Et je n'ai pas encore trouvé le plus grand prince du monde.

Il quitta le diable et poursuivit ses recherches. Il demanda à tous où était le Christ, mais personne n'avait entendu parler de lui. Enfin, un vieil ermite put le renseigner. Il lui parla du Fils de Dieu et lui enseigna la foi.

– C'est lui que je veux servir, et personne d'autre, dit le géant.

Cependant, il ne voulait ni jeûner ni prier.

Non loin de là, il y avait un fleuve dangereux et profond. Alors l'ermite lui proposa de porter tous les voyageurs qui voulaient le traverser.

– Peut-être le Christ se révélera-t-il un jour à toi, lui dit-il.

Le géant alla donc jusqu'au fleuve et il se construisit une cabane sur la rive. Il se procura une perche sur laquelle il pouvait prendre appui dans l'eau et il porta tous les voyageurs qui voulaient passer de l'autre côté.

Un jour, il entendit devant sa cabane une voix d'enfant qui disait :

– Sors et fais-moi traverser !

Par deux fois, il sortit sans voir personne. La troisième fois, il découvrit sur la rive un enfant qui lui demanda de le porter de l'autre côté du fleuve.

Alors le géant mit l'enfant sur son épaule, saisit son bâton et entra dans l'eau. Mais à chaque pas qu'il faisait, le poids devenait plus lourd et il eut peur de se noyer. Jamais auparavant il n'avait eu autant de mal à traverser le fleuve. Cependant il arriva sain et sauf sur l'autre rive.

– Tu étais si lourd, dit-il à l'enfant, que j'avais l'impression de porter le monde entier de l'autre côté du fleuve.

– Tu n'as pas seulement porté le monde, mais aussi celui qui l'a créé, lui répondit l'enfant. Car je suis le Christ, ton maître et, pour que tu voies que je dis la vérité, prends ton bâton et plante-le dans la terre devant ta cabane ; alors tu verras que demain il fleurira et portera des fruits.

Sur ce, il disparut de sa vue.

Le géant fit ce qui lui avait été conseillé et, effectivement, sa perche portait le lendemain des feuilles et des fruits. Depuis lors, on l'appela « Christophe », ce qui signifie « celui qui a porté le Christ ».

A partir de ce jour, il parcourut le monde pour raconter à tous les hommes le miracle du bâton et pour les convertir.

Un jour, il arriva sur la place d'une ville où l'on torturait des chrétiens. Il tenta de les assister et, quand le juge voulut le torturer lui aussi, il planta son bâton dans la terre et demanda à Dieu de le faire reverdir ; et quand ils virent pousser des fruits, huit mille hommes furent convertis par ce miracle.

Alors, le roi du pays dont faisait partie cette ville ordonna à ses gardes de mettre le géant aux fers. Mais les soldats se convertirent eux aussi. Cependant, Christophe les suivit de son plein gré en prison.

Sur ce, le roi envoya dans son cachot deux jolies servantes qui devaient le séduire. Mais les deux femmes prirent peur en voyant la clarté qui illuminait son visage et elles implorèrent sa pitié. Lorsque le souverain l'apprit, il condamna l'une d'elles, Aquilinie, à être pendue, et sa sœur, Nicée, à être brûlée. Mais quand celle-ci redescendit du bûcher, il lui fit trancher la tête. Quant au géant Christophe, on le fouetta avec des verges de fer. On mit sur sa tête un casque rougi au feu et on le ligota sur un tabouret de fer sous lequel on alluma un brasier alimenté par de la poix. Mais le tabouret fondit comme de la cire et Christophe resta indemne. Ensuite, on l'attacha à un poteau et quatre cents soldats lancèrent leurs flèches sur lui, mais aucune ne l'atteignit. Et quand le roi se rit de lui, l'une des flèches lui entra dans l'œil et le rendit aveugle.

Alors Christophe lui dit :

– Demain, ô roi, je serai mort. Prends mon sang et applique-le sur ton œil, et tu recouvreras la vue.

Et il en fut ainsi. Le roi fut converti, car l'aveuglement de son esprit avait pris fin en même temps que sa cécité. Depuis, saint Christophe est l'un des quatorze saints protecteurs. Il est le patron qui protège des incendies et de toutes les morts subites et violentes.

IV

Une fois ma lecture terminée, j'allai chercher une loupe. J'ouvris le livre et me mis à comparer les différentes scènes du tableau avec la légende. Le peintre avait peint saint Christophe au moment où il traversait le fleuve. Sur son épaule, l'enfant Jésus tenait à la main une boule de cristal. Elle ressemblait à celle que ma mère a sur son bureau et qui lui sert de presse-papiers pour le courrier en attente.

Le poids de l'enfant et du monde forçait le saint à se pencher très bas, et il s'appuyait lourdement sur un long bâton. Il était facile de se rendre compte qu'il était gigantesque, comparé au vieux moine qui semblait l'attendre sur la rive gauche. Ce moine s'appuyait au tronc d'un arbre mort, non pour se cacher mais plutôt parce qu'il était vieux et fatigué.

Un peu en arrière, on pouvait voir une maison assez bizarre où un homme faisait sécher ses vêtements. Dans les branches de l'arbre planté devant la maison se trouvait une cabane accessible uniquement par une échelle. A partir de la maison, le terrain descendait en pente douce jusqu'au fleuve. Et c'est à cet endroit que les deux hommes retenaient le radeau où gisait le mort. Je m'aperçus alors que c'étaient aussi des moines.

Un peu plus loin, un petit bac venait d'accoster et, sur la rive opposée, un chemin très sinueux menait à la ville située au loin. A droite du chemin, deux hommes se lavaient dans une mare et, plus loin, on voyait approcher à cheval une horde de guerriers d'aspect farouche. Tout près de là, des paysans conduisaient un troupeau.

En peignant cette troupe de guerriers, l'artiste avait-il voulu représenter le diable et ses compagnons ou bien les gardes du roi menant saint Christophe en prison ?

Encore un peu plus loin, juste avant la ville, le chemin traversait la cour d'un moulin où se trouvaient trois personnes. Un homme gisait à terre, comme si on venait de le tuer. Je ne voyais pas le rapport entre cette scène et la légende.

Entre le moulin et la ville bâtie sur une presqu'île, il y avait un petit bois. Des gens s'assemblaient aux portes de la ville et, à l'intérieur des remparts, un incendie faisait rage. Le peintre voulait-il faire allusion au bûcher de la servante Nicée ? Plus je m'intéressais au tableau, plus cette histoire me paraissait mystérieuse. Que signifiait la collision entre les deux navires à l'entrée du port ? S'étaient-ils accrochés par mégarde ou étaient-ils en train de se livrer bataille ? Le peintre devait avoir eu une bonne raison pour représenter cet incident. Toutes ces scènes avaient sûrement une signification, mais si je ne la trouvais pas dans la légende, où la chercher ?

Il me vint alors à l'idée que la vie de Joachim Patinir pourrait peut-être me renseigner à ce sujet. Je décidai donc de poursuivre mes recherches dans cette direction.

V

Le lendemain, je rapportai *La Légende dorée* à la bibliothèque et je demandai un ouvrage sur l'art flamand. La bibliothécaire qui m'avait déjà aidé une fois consulta son fichier, se dirigea vers un rayon et en sortit de très gros livres.

– Tu veux tous les emporter ? me demanda-t-elle.

Ils étaient vraiment très lourds. Je m'assis donc à une table et cherchai d'abord dans l'index de chaque volume le nom « Patinir ».

C'était une bonne idée car il n'était mentionné que dans trois des six volumes posés devant moi et, chaque fois, avec une orthographe différente : Patinir, Patinier et Patenier.

Je rendis les livres où il n'était pas cité et emportai les autres.

A vrai dire, cet après-midi-là, j'aurais dû travailler pour le prochain cours de maths, mais ma curiosité était trop forte. Je cherchai immédiatement ce que les différents auteurs avaient pu écrire sur Patinir. A ma grande déception, je ne trouvai que quelques dates et de maigres notes sur sa vie. On ne savait même pas avec certitude quand ni où il était né. L'un des auteurs situait sa naissance en 1480, les deux autres en 1485. D'abord on crut qu'il était né à Dinant, mais un historien avait découvert que ce devait plutôt être à Bouvines. En regardant dans mon atlas, je vis que ces deux villes étaient au bord de la Meuse, un peu au sud de Namur. Elles appartenaient autrefois aux Pays-Bas et sont maintenant territoire belge. Personne ne sait où ce peintre a passé ses années d'apprentissage. C'est seulement en 1515 que son nom apparaît sur la liste des membres de la guilde de Saint-Luc à Anvers, ville autrefois appelée « Anttorff ». Cette guilde était une corporation de peintres. Ceux qui y étaient admis avaient le droit de s'appeler « maître ». Lors de son séjour aux Pays-Bas en 1520 et 1521, Albrecht Dürer avait rencontré Joachim Patinir à plusieurs reprises et l'avait mentionné dans son journal de voyage. Quant à la mort de Patinir, elle remonte au 5 octobre 1524.

Contrairement à beaucoup d'autres peintres de son époque, très peu de tableaux ont été conservés, et presque tous sont exposés dans de grands musées. Le tableau de saint Christophe, par exemple, se trouve en Espagne, au cloître royal de l'Escorial.

C'était tout. Pas un mot de plus. Rien sur le mort ou sur la scène du moulin, rien sur la collision des deux bateaux ou sur la horde de guerriers.

Tout cela ne m'avançait pas à grand-chose, mais mon acharnement ne fit que croître. Plus les recherches se compliquaient et plus le mystère s'épaississait. Je négligeais le lycée et m'enfermais de plus en plus souvent dans ma chambre.

– Mais qu'est-ce qui se passe, Peter ? me demanda ma mère un soir, l'air préoccupé. Tu ne sors quasiment plus.

Tandis qu'elle parlait, je fus frappé par son air las et par les petites rides qui s'étaient creusées entre son nez et la commissure des lèvres.

Mais je ne pouvais ni ne voulais lui expliquer ce qui me préoccupait. Je savais parfaitement qu'elle n'aurait pas compris. Je me contentai donc de hausser les épaules.

Certains professeurs ne tardèrent pas à me reprocher mon manque de participation aux cours. « A quoi penses-tu ? » me demandaient-ils, bien que cela ne les regardât en rien.

Mais peu m'importait. Comme ma moyenne suffisait pour me faire passer dans la classe supérieure, je me moquais bien de perdre quelques points.

VI

Tous les soirs, je restais dans ma chambre à contempler les illustrations de mon livre. Peu à peu, j'eus le sentiment que les sujets bibliques n'avaient été que des prétextes pour l'artiste. Ce qui lui importait sûrement davantage, c'était de représenter le monde dans sa totalité. Il avait peint non seulement la terre et la mer, les fleuves et les montagnes, les animaux et les arbres, mais aussi le ciel et les nuages, le soleil, la pluie, la tempête et le vent, en toutes saisons et à tout moment de la journée. C'était là le monde tel qu'il le voyait et le vivait.

Dans le tableau de saint Christophe, l'enfant Jésus tenait une boule de cristal entre ses mains. Joachim Patinir avait-il tenté par là de peindre la terre telle que se la représentaient à cette époque quelques rares astronomes ? Ou bien cette boule n'était-elle pour lui que le globe impérial, symbole de puissance ?

Dans mon livre, il y avait aussi une gravure. C'était un portrait de Joachim Patinir dessiné par Albrecht Dürer lors de sa visite à Anvers. Ce portrait était bien loin de correspondre à l'idée que je m'étais faite d'un artiste de cette époque. Patinir portait un bonnet de fourrure et devait être encore assez jeune. Il regardait au loin, comme un marin voguant sur les mers à la recherche de terres inconnues. J'aurais donné cher pour connaître les pensées dissimulées derrière ce front. Mais c'était impossible, car je n'étais confronté qu'à l'image d'un homme et non à l'homme lui-même. C'est alors que j'eus l'idée d'interroger M. Schreiber, notre professeur d'histoire de l'art.

– Connaissez-vous un peintre nommé Joachim Patinir ? lui demandai-je à la fin du cours.

– Patinir ! Patinir ? Tu veux dire le peintre dont Dürer a dit qu'il était un bon paysagiste ? Pourquoi t'intéresses-tu à lui ?

Je n'avais aucune envie d'inventer des explications à dormir debout. Aussi répondis-je d'un air gêné :

– Oh, comme ça !

Il me proposa alors de me prêter le *Journal* de Dürer. Il me l'apporta dès le lendemain. Je dus seulement lui promettre d'en prendre bien soin.

Le *Journal* se lisait bien. Je devais de temps en temps chercher une expression en vieil allemand dans le lexique, mais c'était en général facile à comprendre.

Mon admiration pour Albrecht Dürer diminua un peu car il notait presque exclusivement combien il avait dépensé, qui il avait invité à déjeuner, et s'il avait ou non tiré profit de la personne en question. Il me fit l'effet d'être un sacré grippe-sou.

Il était peu fait mention du peintre Patinir. En août 1520, Dürer l'avait invité à déjeuner ; un peu plus tard, il lui fit présent de gravures pour la valeur d'un florin. En échange, « maître Joachim », comme il l'appelait, lui avait envoyé son valet et lui avait prêté des couleurs. A la fin du mois de mars 1521, l'échevin d'Anvers remit à Dürer un petit tableau peint par Joachim Patinir et, en avril de la même année, maître Albrecht fit le portrait du peintre au crayon. C'était manifestement le portrait reproduit dans mon livre. Le 5 mai, Dürer fut invité au mariage de Joachim Patinir et, à la fin de ce même mois, il lui offrit un dessin sur papier gris représentant quatre saint Christophe.

En juin 1521, Dürer lui donna en guise de cadeau d'adieu un tableau peint par un de ses élèves nommé Hans Baldung Grien.

C'était tout, mais je reçus comme une décharge électrique en lisant qu'Albrecht Dürer avait donné à Patinir un dessin avec quatre saint

Christophe. Avaient-ils un rapport avec le tableau qui me préoccupait tant ?

Quelques jours plus tard, ma mère reçut la visite d'une amie. En rentrant du lycée, je les entendis parler et rire dans la cuisine. Cette amie travaillait à la météo. Je l'aimais bien car elle racontait toujours des choses passionnantes. Elle savait par exemple comment un ouragan prend naissance, et comment on essaie de calculer la direction qu'il va prendre. Elle m'avait aussi expliqué un jour comment se comportent les dépressions et les anticyclones, quand on peut s'attendre à de la pluie ou à du beau temps.

Je n'hésitai donc pas à ouvrir la porte de la cuisine et je dis :

– Bonjour !

– Salut, Peter, comment ça va ? Et le lycée ? demanda-t-elle gentiment.

– Ne lui parle pas de ça, répondit ma mère. Il ne le sait certainement pas lui-même. Demande-lui plutôt quel est ce tableau qu'il n'arrête pas de contempler dans sa chambre !

Aujourd'hui encore, le sang me monte à la tête quand je repense à ce que ma mère avouait ainsi : elle m'espionnait ! M'était-il arrivé une fois d'oublier de fermer la porte ? Ou bien m'observait-elle à travers le trou de la serrure ? Elle m'avait souvent reproché de ne pas lui dire grand-chose de mes activités extra-scolaires. Je ne sais pas moi-même pourquoi notre relation avait évolué de cette façon. Depuis quelque temps, j'avais de plus en plus l'impression que nous menions des vies séparées tout en partageant le même appartement. Nos intérêts divergeaient et nous nous comprenions de moins en moins. Je claquai donc assez bruyamment la porte de la cuisine et me retirai dans ma chambre, en proie à une profonde indignation.

Toutefois, il m'apparut au cours de la soirée qu'il pourrait être instructif de montrer le tableau de saint Christophe à une météorologue. Et comme je savais que cette amie allait rester quelques jours chez nous, j'attendis l'occasion de la rencontrer seule.

– Serais-tu capable de dire le temps qu'il fait sur un tableau du XVIe siècle ? lui demandai-je alors que nous prenions tous deux le café dans la cuisine.

– Pourquoi pas ?

J'allai chercher mon livre.

Elle regarda le tableau assez longtemps avant de demander :

– Qu'est-ce que tu veux savoir ?

– Tout, répondis-je. Par exemple, que signifient ces nuages, et pourquoi le vent souffle-t-il au centre du tableau alors qu'il y a un calme plat devant et au fond ?

– Ce serait plus facile si je connaissais l'orientation.

Je réfléchis.

– Peut-être cela t'aidera-t-il de savoir que l'artiste a peint ce tableau à Anvers. Le regard du spectateur ne pourrait-il pas alors être dirigé vers l'ouest ou le nord-ouest ?

– C'est bien. Cela va m'aider, dit-elle.

Elle réfléchit un moment et poursuivit :

– Dans ce cas, les conditions météorologiques sont assez faciles à préciser. Il s'agit de ce que nous appelons dans notre jargon un ciel de traîne : un front pluvieux vient de passer et il reste quelques nuages élevés. Il se pourrait qu'il pleuve encore un peu mais, en gros, le temps va s'améliorer. Le soleil peut même ne pas tarder à percer. C'est une situation que l'on rencontre souvent au printemps.

– Tu crois donc que l'artiste a peint ce paysage au printemps ?

– Beaucoup d'indices le prouvent, entre autres l'iris en fleur sur la rive gauche du fleuve. Mais il y a aussi des éléments à l'encontre de cette hypothèse.

– Par exemple ?

– Les arbres. Certains ont perdu leurs feuilles, mais ce pourrait tout aussi bien être la fin de l'hiver. Dans ce cas, cette tache claire sur les montagnes du fond seraient les derniers restes de neige et l'été aurait déjà fait son apparition sur la presqu'île.

– Et la marée ?

– Sans doute marée montante.

– Mais tu ne m'as toujours pas expliqué pourquoi les arbres au centre du tableau sont courbés par le vent alors que tout semble calme au premier plan.

– Cela pourrait être une question de moment.

– De moment ?

Je ne comprenais pas ce qu'elle voulait dire.

– Imagine que tu sois l'un des deux voyageurs qui marchent sur le chemin. Il est possible qu'il n'y ait pas eu de vent au moment où ils ont quitté la ville ; quelques heures plus tard, le vent s'est levé, mais il n'a pas tardé à se calmer.

Elle me regarda d'un air interrogateur.

– Mais en quoi tout cela te concerne-t-il ?

C'est à ce moment-là que j'ai décidé d'inventer une explication irréfutable et valable en toutes circonstances.

– Comme ça, dis-je. Je m'intéresse en ce moment à la peinture du début du XVIe siècle parce que j'aimerais faire des études d'histoire de l'art plus tard.

Elle sembla se satisfaire de cette réponse.

Cette conversation me fit beaucoup réfléchir. Etait-il possible qu'à travers ce paysage le peintre ait voulu représenter non seulement le monde tel qu'il le voyait, non seulement l'espace, mais aussi la fuite du temps ? S'il a fait allusion aux quatre saisons dans un seul et même tableau, le vieux moine, le saint et l'enfant Jésus ne pourraient-ils pas symboliser les trois âges de la vie ? Et le cadavre ne serait-il pas l'évocation de la mort ?

Les oiseaux noirs tournoyant au-dessus de la scène confirmaient cette interprétation, et les explications d'Illy à propos du vent pouvaient, elles aussi, prouver que le peintre avait représenté simultanément des événements s'étant succédé dans le temps.

VII

Si l'embouchure du fleuve s'ouvrait vers l'ouest, alors le vent qui gonflait les voiles des navires venait du sud ou du sud-ouest. Les bateaux de pêche n'avaient qu'un seul mât. Certains naviguaient du côté de l'île, d'autres étaient amarrés dans le port de la ville. Plusieurs navires de commerce, dont une galère, y avaient jeté l'ancre. Une deuxième galère voguait au milieu du bassin portuaire, toutes voiles arisées. On voyait très bien les rames qui sortaient des sabords. Tout ce que j'avais lu sur les galères me revint à l'esprit, toutes ces histoires de prisonniers enchaînés les uns aux autres et impitoyablement fouettés par leurs gardes. Beaucoup souffraient pendant des années avant de mourir sur leur banc de galérien.

Cependant, c'est à l'entrée du port que se déroulait l'une des scènes les plus bizarres et les plus inexplicables : deux navires étaient entrés en collision. Je ne pouvais voir s'ils se livraient bataille ou s'il s'agissait d'un accident. S'étaient-ils heurtés par hasard, à cause d'une bourrasque subite, ou était-ce l'issue tragique d'une course de vitesse ?

Je réfléchis longtemps à ce qui avait pu provoquer cet accident et faillis oublier qu'il pouvait être dû tout simplement à l'erreur d'un timonier.

En dehors de mon tableau, plus rien ne m'intéressait. Je ne suivais plus les cours que d'une oreille. Dans la rue, je ne saluais plus personne et, quand on m'adressait la parole, j'avais autant de mal à revenir à la réalité qu'un plongeur remontant des profondeurs de la mer. Deux semaines à peine s'étaient écoulées depuis que j'avais fait l'acquisition du livre, mais mon désir de percer le mystère du mort était devenu si intense que le reste n'avait plus d'importance.

Le soir, je restais lontemps éveillé et, quand je finissais par m'endormir, les questions auxquelles je n'avais pas trouvé de réponses me poursuivaient jusque dans mes rêves.

Une nuit, je rêvai que je me promenais dans le parc de notre ville. Un étroit sentier sablonneux faisait des méandres à travers un paysage artificiel et aboutissait à un petit étang bordé d'iris jaunes. Exception faite d'un héron blanc et de quelques canards, le parc semblait désert.

Puis le sentier traversait une vaste pelouse. Je le suivis sans m'étonner de rien, pas même des mâts surgis soudain de derrière les buissons : un voilier voguait sur le gazon. Il passa sous les grands arbres, devant les parterres de fleurs et les fontaines du parc sans que le moindre souffle de vent ne fût perceptible. Toutes voiles gonflées, il glissa devant moi et disparut derrière un petit bosquet. Pas l'ombre d'un doute : c'était l'un des navires du tableau. Je le reconnus immédiatement.

Ce rêve, je l'ai fait très souvent, mais je ne saurais dire combien de fois.

VIII

Mes recherches s'orientèrent ensuite vers des livres pouvant me renseigner sur les différents types de navires. Comme beaucoup de gens semblent s'intéresser aux navires anciens, la bibliothèque contenait quelques bons ouvrages. Cependant, j'y appris seulement que les galères du tableau étaient typiques des galères de commerce du début du XVIe siècle, utilisées de préférence par les marchands vénitiens. Les deux navires entrés en collision à l'entrée du port étaient des caraques, c'est-à-dire des trois-mâts munis d'une voile latine, de deux vergues et pourvus de hauts châteaux à la poupe et à la proue.

Dans l'un des livres, il était indiqué qu'à cette époque les ports importants comme Gênes, Venise et Anvers avaient aussi été de grands centres artistiques car beaucoup de riches marchands dépensaient une partie de leur argent en œuvres d'art. Outre les rois et la noblesse, les églises et de nombreux cloîtres étaient jusque-là seuls à avoir passé des commandes aux artistes. Mais, grâce au commerce avec le Nouveau Monde, les grands marchands ne cessaient de s'enrichir, ce qui valut aux peintres quantité de portraits et bien sûr des commandes d'autels. Les donateurs voulaient ainsi faire une bonne action tout en soulageant leur conscience.

Quand je remis les livres sur l'étagère, mon regard tomba sur un autre volume dont le titre éveilla ma curiosité. Il s'intitulait *Lexique des sciences occultes,* et expliquait les notions et symboles relatifs à la magie, l'occultisme et la parapsychologie. Je l'empruntai et l'emportai chez moi. Car il y avait longtemps en effet que je me demandais si certains éléments du tableau avaient été peints par hasard ou pour leur caractère symbolique. Il y avait par exemple les salamandres sur les rochers ou l'iris en fleur, tous éléments que j'avais retrouvés dans d'autres tableaux de Joachim Patinir. J'appris qu'au Moyen Age la salamandre symbolisait le feu mais aussi l'âme retrouvant sa jeunesse au purgatoire. Elle devait rappeler aux hommes la nécessité de la mort, puisque rien de nouveau ne peut advenir sans que l'ancien ne meure.

Tout cela n'était-il pas en accord avec un tableau qui montrait à travers certaines scènes différentes formes de trépas ? L'artiste voulait-il rappeler qu'au jour du Jugement dernier les âmes des morts seraient purifiées dans les flammes du purgatoire ? Cela me conforta dans l'idée que les salamandres ne pouvaient pas avoir un rapport direct avec un meurtre mais plutôt avec l'âme de la victime. Mais, comme la salamandre symbolisait le feu, il y avait une allusion très claire à saint Christophe, vénéré par les croyants comme le saint qui protège des incendies.

Après avoir découvert la signification symbolique de la salamandre, je souhaitais en apprendre davantage sur l'iris. En effet, ces deux éléments étaient placés à des endroits du tableau tellement privilégiés qu'ils devaient avoir beaucoup d'importance aux yeux du peintre.

Je lus dans une flore : « l'iris *pseudacorus* pousse parmi les roseaux des eaux stagnantes et vives, également à l'état isolé au milieu des carex ; il aime les sols inondés occasionnellement. Toxique. »

Cela ne m'étonna pas : comme bien d'autres éléments du tableau, cette fleur portait donc la mort.

Je ne cessais d'examiner attentivement chaque tableau. Pour la plupart d'entre eux, certains éléments étaient agrandis afin de montrer avec quel soin l'artiste avait peint l'arrière-plan.

Au bout de quelque temps, j'eus le désir de me promener dans ces tableaux, de prendre un bateau de pêche pour voguer vers la mer, d'escalader les rochers, d'aider les paysans à la récolte ou, tout simplement, de marcher le long des chemins, droit vers l'horizon.

Ce désir ne fit que croître. Il devint plus fort que tout. Et l'idée d'essayer d'entrer dans le tableau n'était désormais plus très loin.

IX

Prendre la décision de tenter de trouver un chemin qui me conduise dans le tableau était la conséquence logique des réflexions auxquelles je m'étais livré jusque-là. Plus j'y pensais, plus je réalisais que c'était sans doute le seul moyen d'élucider le mystère planant autour du mort.

Je réfléchis longtemps à la façon de procéder. J'avais recueilli toutes les informations possibles sur le peintre Patinir et sur son époque. Autrefois, je m'étais passionné pour les livres racontant les voyages de Christophe Colomb, Vasco de Gama, Magellan et d'autres encore. Maintenant, je me procurais des livres sur Martin Luther, Erasme de Rotterdam, l'Anglais Thomas More et, bien sûr, Charles Quint. Depuis l'élection impériale de 1519, Charles Quint avait pas mal d'ennuis avec le roi de France, son seul et unique rival lors de cette élection. On avait appris en effet que les émissaires de Charles Quint avaient offert aux princes électeurs et à leurs conseillers des cadeaux d'une valeur approchant le demi-million de florins or, et qu'il avait été élu empereur à l'unanimité le 28 juin. La plus grande partie de cette énorme somme lui avait été avancée par les Fugger qui obtinrent en contrepartie le droit d'exploiter des mines d'argent et de cuivre dans le Nouveau Monde. Le 23 octobre 1520, Charles Quint était couronné empereur à la cathédrale d'Aix-la-Chapelle. En France, François Ier s'indigna fort des conditions de cette élection, d'où des troubles permanents aux frontières.

Si l'on en croit les nombreux portraits qui ont été faits de lui, Charles Quint devait être un homme extrêmement laid. Comme, selon ses propres dires, son « empire était si grand que le soleil ne s'y couchait jamais » et qu'il ne pouvait pas pourvoir seul aux multiples tâches qui lui incombaient, il avait nommé sa tante, l'archiduchesse Marguerite d'Autriche, gouvernante des Pays-Bas. Ce fut pendant son règne qu'eurent lieu les conquêtes du Mexique et du Pérou, la découverte de la voie maritime vers l'Inde et le premier tour du monde en bateau, mais aussi la scission de l'Eglise.

Je ne m'étais jamais beaucoup intéressé à l'histoire, mais je découvris soudain que le début du XVIe siècle avait vu de grands bouleversements. Pour beaucoup de gens, un monde s'était écroulé et de nouvelles conceptions s'imposaient aux consciences. Plus je m'y intéressais, plus j'entrais dans ce monde de la pensée. Aujourd'hui, je pense que ce fut le premier pas sur le chemin qui devait me faire entrer dans le tableau.

Il était très important pour moi de savoir en quelle année Joachim Patinir avait peint son tableau. Sachant que l'un des dessins de saint Christophe offerts par Dürer à maître Joachim en mai 1521 avait servi de modèle au peintre, il ne pouvait l'avoir commencé qu'après cette date. Le travail devait avoir duré un bon moment, peut-être six mois ou davantage.

J'en conclus qu'il avait dû être terminé, au plus tôt, à la fin de l'année 1521 ou au début de l'année suivante. Je voulais absolument connaître la date exacte ; sans cela, ma tentative serait vouée à l'échec. Si Joachim Patinir avait achevé ce tableau en avril ou en mai 1522, il était inutile d'essayer d'y entrer au mois de février. Mais je ne voulais pas non plus m'y retrouver après cette date parce que je craignais que plus personne ne se souvienne du mystérieux mort.

Au premier plan du tableau se trouvait un iris jaune. Or, les iris fleurissent au mois de mai. L'amie de ma mère avait pensé, elle aussi, que les conditions météorologiques signalaient plutôt le printemps. Je ne voyais cependant aucun moyen de connaître la date exacte.

Si je voulais percer le mystère du mort, il ne fallait pas seulement que je me transporte en 1522, il fallait aussi attendre une journée semblable à celle que Patinir avait peinte.

J'étais donc déterminé. Le moment était décisif ; le lieu de l'action, lui, avait été représenté avec une grande précision sur le tableau que j'avais devant les yeux.

A cette époque, Joachim Patinir vivait à Anvers et je me demandais si ce n'était pas la ville représentée dans le *Saint Christophe,* car elle était, elle aussi, au bord d'un fleuve qui se jetait dans la mer. Mais j'ignorais si c'était vraiment Anvers car je n'avais jamais visité cette ville.

Je partis ensuite de l'idée qu'un peintre s'inspire de son environnement quand il peint un paysage. Celui-ci n'en est pas forcément une reproduction exacte mais les similitudes sont souvent assez grandes. Toutefois, mon atlas n'indiquait ni montagnes ni rochers près d'Anvers.

Ma propre expérience de la peinture me fut d'un grand secours lors de ces réflexions. J'avais souvent constaté, non sans amusement, que les personnages représentés ressemblent toujours un peu à celui qui les a peints, les maisons à celles de sa ville ou de son village, et le paysage à celui qui l'a le plus marqué, par exemple celui de son enfance. Ceci explique aussi pourquoi beaucoup de tableaux de cette époque représentent des paysages méridionaux. Les artistes en question avaient pu s'offrir le voyage en Italie pour étudier les grands maîtres et, à leur retour, ils avaient fixé leurs impressions dans leurs tableaux.

Joachim Patinir était né dans une petite ville au bord de la Meuse et il y avait probablement passé les premières années de sa vie. Le paysage autour de sa ville natale était constitué de collines et de rochers. N'était-il pas vraisemblable qu'il eût cherché à l'immortaliser dans ses tableaux ?

X

C'est alors que j'eus une chance inouïe : mon père m'invita à l'accompagner en Espagne à Pâques. J'acceptai avec empressement, non seulement parce que j'espérais le convaincre de faire un détour par Madrid, mais aussi parce que j'étais heureux d'échapper aux reproches de ma mère. Elle ne pouvait s'habituer à me voir rester dans ma chambre plutôt que d'aller jouer au foot ou de traîner dans les cafés.

Nous sommes partis avec la caravane et nous avons passé les nuits dans des campings. A vrai dire, mon père avait l'intention d'aller dans le Sud en longeant la côte, mais j'inventai un prétexte quelconque pour l'inciter à passer par Madrid.

Les premiers jours, nous avons roulé vite sans

faire beaucoup de haltes. Il y avait encore de la neige dans les Pyrénées mais, plus au sud, il faisait déjà assez chaud.

J'aime voyager de cette manière. On peut s'arrêter quand on veut pour se reposer ou pour admirer un paysage particulièrement beau.

A Madrid, nous avons bien sûr visité tout ce que des touristes doivent avoir vu. Nous avons acheté une glace sur la Plaza Mayor, cette même place où on exécutait autrefois les gens condamnés par l'Inquisition. Nous avons vu de l'extérieur le stade du Real Madrid et les arènes où ont lieu les courses de taureaux. Nous avons mangé des *moluscos,* des gambas et de la paella, et visité le Prado qui est l'un des plus célèbres musées du monde.

J'avais lu dans mon livre qu'il contenait quatre tableaux de Joachim Patinir ainsi que quelques Bosch et autres peintres néerlandais importants.

Certes, j'avais déjà vu des reproductions de tableaux de Bosch mais, quand je me retrouvai devant les originaux, je fus très effrayé. C'étaient de véritables énigmes et j'eus l'impression d'être confronté à un langage incompréhensible pour moi.

En allant de salle en salle, j'oubliai complètement que mon père m'accompagnait, que d'autres visiteurs regardaient les mêmes tableaux que moi, et je succombai à la magie de toute cette peinture. Ce fut comme un tourbillon qui m'empêchait de rester un simple spectateur. J'avais parfois le sentiment d'être à une fenêtre d'où je pouvais voir un paysage et observer tout ce qui bougeait. Tout à coup, le ciel était vraiment un ciel et non plus une tache de couleur sur un panneau de bois ; je sentais vraiment la brise qui faisait flotter les vêtements et se gonfler les voiles des navires ; je sentais l'odeur des fleurs et entendais au loin le cri d'un âne.

Mais mon père me tira brusquement de mes rêves en disant :

– Allez, viens, Peter !

– Est-ce que nous irons aussi à l'Escorial ?

Il était d'accord. Quand nous sommes tous les deux, il est presque toujours disposé à exaucer mes désirs. Nous nous entendons assez bien, mon père et moi, mais ce serait peut-être différent si nous vivions ensemble.

Le cloître royal de l'Escorial est sur une colline, à cinquante kilomètres à l'ouest de la capitale espagnole.

Nous prîmes une visite guidée. Nous apprîmes ainsi que ce cloître avait été construit par Philippe II et que, en dehors de lui et de son père Charles Quint, beaucoup d'autres rois de la dynastie des Habsbourg y sont enterrés. Philippe II était un grand amateur d'art. Il avait envoyé ses émissaires jusqu'aux Pays-Bas pour qu'ils y achètent des tableaux. C'est ainsi que des œuvres de Breugel, Bosch, Memling, Patinir et d'autres encore se sont retrouvées en Espagne. Nous avons admiré les précieuses tapisseries, les fresques et les appartements privés du roi, contemplé les statues de bronze de la famille royale dans l'église du cloître, parcouru toutes les cours intérieures et nous sommes allés voir les tableaux anciens que l'on avait accrochés dans une section spéciale. C'est là que je trouvai enfin le *Saint Christophe.* Je fus très déçu de voir qu'il était dans un coin sombre et assez haut. Le guide nous expliqua que le globe impérial tenu par l'enfant Jésus symbolisait la terre et était donc un symbole de puissance.

Le bac transportait des tuiles pour la construction d'un mur derrière la cabane de l'ermite, et – à côté de l'iris – se trouvaient quelques fraisiers en fleur.

Tout comme au musée du Prado, le tableau me fit l'effet d'une fenêtre donnant sur un monde où règne le mal. Je me souviens très bien de l'idée qui me vint alors : ce tableau était en fait une représentation de l'incroyance. Saint Christophe ne passait-il pas pour protéger de la mort violente et des ravages de l'incendie ? Or, sur ce tableau étaient représentées une maison en train de brûler ainsi que différentes façons de perdre la vie. Cela signifiait donc que le saint n'avait pas été en mesure de protéger les personnes en danger.

J'aurais bien aimé regarder ce tableau plus longtemps, mais mon père s'impatientait et je ne voulais pas le contrarier. Nous allâmes boire un « café solo » à la cafétéria et j'achetai une diapositive du tableau à la boutique du musée.

La suite de notre voyage fut sans intérêt. Nous allâmes à Tolède et sur la côte, puis nous rentrâmes. Je ne sais pas si mon père était content mais moi je rapportais un trésor inestimable car, grâce à cette diapo, je pourrais peut-être parvenir à entrer dans le tableau.

XI

Cette année-là, Pâques tombait mi-avril. Si je voulais tenter ma chance en mai, il ne me restait plus beaucoup de temps.

J'empruntai un projecteur et un écran à un camarade de classe. Je pouvais ainsi contempler le tableau grandeur nature et même l'agrandir si je voulais.

Soir après soir, pendant des nuits entières parfois, je ne le quittais pas des yeux. Je m'arrangeai pour que saint Christophe fît deux mètres. Malheureusement, l'écran était trop petit. Je décrochai alors quelques images de mon mur, déplaçai ma bibliothèque, et le mur tout blanc en face de mon lit fut complètement recouvert par le tableau de Patinir.

Mais j'avais beau rester des heures à le regarder avec le maximum de concentration, il n'était toujours que l'illusion d'un tableau, une illusion créée par la lumière d'un projecteur.

Je cherchai conseil dans les livres de Carlos Castaneda qui était allé se former chez un magicien indien pour apprendre à se transformer en une autre personne et à percevoir des choses impossibles à appréhender avec nos facultés normales. Mais, bien que ce qu'il écrivait me parût fort clair, je ne trouvai pas grand-chose qui pût m'aider. Au début de son apprentissage chez Don Juan, le sorcier, Castaneda essaya les drogues qui étaient censées élargir son savoir. Mais il ne tarda pas à se rendre compte qu'il valait mieux y renoncer. Finalement, il put augmenter son champ de perception en marchant pendant des journées entières dans le désert jusqu'au moment où il s'effondrait, complètement épuisé. Dans cet état extrême, il voyait le monde différemment, au point qu'il en devenait parfois irréel. Il lui arriva des choses inexplicables qu'il prit d'abord pour des miracles mais qui, en réalité, se produisaient à l'intérieur de lui-même.

Ma mère s'étonna de mes ambitions sportives brusquement révélées. Je faisais du jogging pendant des heures dans le parc près de chez nous, je rentrais complètement épuisé et hors d'haleine pour m'enfermer aussitôt dans ma chambre.

– Ne force pas trop ! me disait-elle, inquiète.

Mais j'avais beau être épuisé, le tableau projeté sur mon mur restait identique à lui-même et disparaissait dès que je débranchais le projecteur. Je supposai que mon épuisement n'était pas suffisant pour élargir mes facultés, et j'intensifiai mon programme sportif. Sans rien dire à ma mère, je me mis à courir la nuit et je me rendis vite compte que dans le noir mes perceptions étaient modifiées et que je ressentais beaucoup de choses autrement qu'en plein jour.

Aucun bruit ou presque ne venait heurter mes oreilles en dehors de mon halètement et du bruit des graviers sous mes pas. De temps à autre, une voiture passait le long du mur du parc, ou bien une sirène de police hurlait quelques rues plus loin.

Parfois, quand je m'arrêtais, je me sentais seul, mais mes sens étaient si aiguisés que je pouvais percevoir le pépiement d'un oiseau endormi, sentir l'odeur de la terre humide et le contact d'une branche me faisait l'effet d'une caresse. Mon regard semblait aussi être devenu plus perçant. C'est seulement plus tard que je réalisai l'importance de tout cela pour mon projet.

Je rentrais bien après minuit, fatigué et trempé de sueur et, craignant de réveiller ma mère, je me glissais sans bruit dans ma chambre. J'allumais le projecteur, me jetais tout tremblant sur mon lit et essayais de me concentrer sur le tableau. Mais les vagues au bord du fleuve ne bougeaient toujours pas. Le géant n'avançait pas et le petit bouleau au centre du tableau continuait à subir un vent qui avait peut-être soufflé il y a plusieurs centaines d'années sur un paysage flamand.

Je me rendis compte que je devais essayer de me concentrer au point de réduire mon environnement à néant. Cela me forcerait à entrer dans le tableau pour la simple raison qu'il n'y aurait plus d'autre issue. Ma concentration devait être aussi puissante que le faisceau lumineux qui, à travers une loupe, met le feu à un bout de papier.

Mes cinq sens devaient se concentrer sur ce point. Si j'arrivais à les réunir en un faisceau, il en résulterait peut-être une énergie qui m'aiderait à atteindre mon but.

Le plus facile c'était la vue, car il y avait le tableau. Restaient l'ouïe, le goût, l'odorat et le toucher. Satisfaire les trois derniers ne posait pas de problème. Ils résultaient du tableau. Près de la côte, la brise porte souvent l'odeur de la mer loin à l'intérieur des terres. Rien de plus simple que d'aller remplir une cuvette d'algues dans l'étang du parc et de simuler, à l'aide d'un ventilateur, une brise marine répandant sur les terres des odeurs de varech et de limon. Et, en mettant un grain de sel dans ma bouche, je pouvais avoir la même sensation qu'avec une goutte d'eau de mer.

Seuls les bruits étaient un problème. Comment entendre le cri des mouettes et le bruit des vagues ? Le bruissement du ventilateur était trop mécanique.

J'avais fait récemment un peu de yoga et, après avoir réalisé que l'effort physique ne me faisait pas progresser, je repris les exercices de yoga que je connaissais. Assis sur mon lit dans la position du lotus, je passais des heures entières à contempler le tableau.

Un jour, ma mère entra dans ma chambre. J'avais oublié de fermer la porte à clé.

– Qu'est-ce qui t'arrive ? me demanda-t-elle, sidérée. Il y a encore quelques jours, tu courais dehors comme un fou, et maintenant tu ne quittes pratiquement plus ta chambre ?

J'étais parfaitement conscient de lui en faire voir de dures, mais je n'y pouvais rien changer. Il est très pénible de passer sans cesse d'une humeur à l'autre. Cela peut même devenir une véritable torture. On se réveille le matin, plein d'espoir et de courage, et on se couche le soir, déprimé, oppressé par de sombres pensées. Ces hauts et ces bas perpétuels ne m'ont jamais paru aussi pénibles que pendant les semaines où je tentais d'élucider un meurtre reproduit sur un tableau du début du XVIe siècle.

A certains moments, je croyais être tout près du but mais, aussitôt après, j'en étais encore plus éloigné qu'avant.

Et pourtant, j'étais de plus en plus persuadé que le meilleur moyen d'entrer dans le tableau était de me concentrer et de faire appel à mes cinq sens.

XII

Un jour, le hasard me vint en aide. Nous dînions dans la cuisine, ma mère et moi, quand j'entendis tout à coup à la radio le *Concerto pour clarinette* de Mozart. C'était une œuvre que j'aimais particulièrement et que j'avais en disque. Je me souvins avoir vu un jour un film sur Benny Goodman en compagnie d'une fille dont je croyais être amoureux. Il y avait une scène où Benny Goodman jouait ce concerto pour impressionner les parents de sa fiancée. Il voulait leur prouver qu'il était bien plus qu'un simple chef d'orchestre. Et tous les détails me revinrent en mémoire : je sentais la présence de la fille à mes côtés tandis que l'odeur mentholée de son chewing-gum montait dans mes narines, que l'obscurité de la salle de cinéma nous enveloppait et que les images défilaient sur l'écran lumineux.

Ce que j'ai éprouvé alors a dû ressembler un peu au vrai bonheur. Je revoyais la scène devant moi, comme si je la vivais pour la première fois ; je sentais le bonheur se répandre comme une vague à l'intérieur de mon corps et, pourtant, j'étais toujours assis en face de ma mère, sans rien dire, tandis qu'on entendait l'adagio à la radio.

Plus tard, dans ma chambre, il me vint l'idée suivante : si une mélodie était capable de me rappeler avec autant de précision un événement très ancien et de me donner l'impression de le revivre, pourquoi ne me serait-il pas possible de remonter le temps grâce à la musique et de me transporter dans l'époque de mon choix ? Tout dépendait alors de l'intensité du processus.

XIII

Il fallait sans aucun doute que ce fût une musique de l'époque en question. Et, comme j'étais parfaitement ignorant sur ce sujet, je demandai à notre professeur de musique des informations sur la Renaissance. M. Winterstein fut très heureux de constater mon intérêt pour la question.

– Si tu en as envie, tu peux venir chez moi. Je te ferai entendre quelques disques.

C'était une offre très alléchante. Pour ne pas trop le décevoir, je lui expliquai que je n'étais pas très musicien mais que je ne pouvais imaginer une vie sans musique. Cela lui fit plaisir et il m'invita à lui rendre visite le jour même.

L'une des qualités les plus remarquables de M. Winterstein, c'est que sa passion pour sa discipline le dédommageait de tout ce que la vie ne lui avait pas accordé. Son appartement était aussi terne et insignifiant que lui-même. Les trois quarts de son salon étaient occupés par un piano de concert sur lequel se trouvait un métronome. Des portraits de musiciens étaient accrochés aux murs et des partitions traînaient partout. Il dut commencer par débarrasser deux chaises pour que nous puissions nous asseoir.

– Bon, si j'ai bien compris, tu veux surtout écouter de la musique de la Renaissance ?

Je fis signe que oui et il sortit quelques disques. Nous écoutâmes de la musique de Palestrina et d'Orlando di Lasso, de Heinrich Isaac et de Josquin Desprez, un compositeur néerlandais.

– Desprez est né en 1440, me dit-il. On dit qu'il fut un élève du célèbre Okeghem. Il commença sa carrière comme chanteur à Milan. Plus tard, il accompagna le cardinal Sforza à Rome. Il passa les quinze dernières années de sa vie aux Pays-Bas où il mourut en 1521. Il a beaucoup influencé la musique de son temps.

1521, l'année fatidique. L'année où Albrecht Dürer avait offert les dessins de saint Christophe à Patinir, où Luther essayait vainement de se défendre devant le Parlement de Worms, où Magellan avait péri en luttant contre les indigènes. C'est cette année-là que maître Joachim avait dû commencer le *Saint Christophe.*

Pendant que je me livrais à ces réflexions, M. Winterstein avait mis le disque suivant et actionné le bouton pour démarrer.

J'eus alors l'impression que cette musique entrait littéralement en moi. Au bout de quelques minutes, j'étais déjà comme hypnotisé. Ce que j'entendais anéantissait tout ce qui m'entourait : l'appartement sombre avec le piano à queue, le buste de Beethoven et même M. Winterstein.

C'étaient des chansons à plusieurs voix sans instruments. Un contre-ténor accompagnait trois ou quatre voix graves. Plus les voix étaient graves, plus les chanteurs semblaient éloignés. Cela donnait à la musique un semblant de relief.

De temps à autre, le chanteur principal prenait les devants et racontait une histoire répétée ensuite par le chœur. A un autre moment, les chants d'accompagnement se conformaient au rythme de la mélodie de base, l'enveloppaient de rythmes plus serrés, dominaient pour un bref moment, avant de rejoindre la mélodie de base et de terminer sur un accord prolongé. Les chants profanes étaient simples et mélodieux, avec des rythmes très gais. Ils étaient souvent exécutés par quatre ou cinq chanteurs seulement et parlaient d'amour, de deuil et de guerre.

C'était une musique en parfait accord avec mon tableau. Nous écoutâmes encore quelques disques mais, avant de partir, je demandai à M. Winterstein la permission d'écouter encore une fois la musique du compositeur néerlandais.

– Tu veux l'emporter ? me demanda-t-il. Si tu as un magnétophone à cassettes, tu pourras l'enregistrer.

Je lui fus très reconnaissant de ne pas me demander les raisons de mon intérêt pour cette musique. En fait, il était content d'avoir trouvé quelqu'un capable de s'enthousiasmer comme lui pour la musique ancienne.

Ce jour-là, je rentrai chez moi très confiant en l'avenir.

XIV

Début mai, alors que je traversais le parc pour rentrer chez moi, il m'arriva un jour de passer près d'un petit étang. Il me rappela l'étang du rêve où un navire voguait à travers le parc. Je n'avais jamais remarqué auparavant que des iris poussaient sur ses rives. Avides de lumière, les feuilles lancéolées perçaient la surface de l'eau et enserraient pour les protéger quelques tiges plus grandes qu'elles où s'étaient formés des boutons.

En un éclair, ce fut pour moi une révélation.

C'était bien cela.

C'était bien le jour du mois de mai que j'avais cherché en vain jusqu'ici. Il fallait que je tente mon expérience quand le premier bouton allait s'ouvrir et je ne pouvais réussir que pendant la floraison des iris. La fleur reproduite sur le tableau était une indication de date.

Dès lors, j'allais tous les jours au parc pour observer les boutons. Ils grossissaient, la pointe toujours dirigée vers la lumière. Je restais souvent plus d'une demi-heure à les contempler, m'imaginant qu'ils bougeaient. J'avais très peur de rater le moment où ils allaient s'ouvrir.

Puis, un matin, je vis que le premier bouton s'était ouvert. Une grande fleur d'un jaune lumineux s'était déployée.

C'était le signal.

Ce soir-là, je me retirai plus tôt que d'habitude dans ma chambre. Je posai devant le ventilateur le pot rempli d'algues trouvées dans l'étang, quelques grains de sel sur mes lèvres, allumai le projecteur et mis mon électrophone en marche. Mais j'étais trop excité. Mon cœur battait à tout rompre, et je n'arrivais pas à respirer profondément.

– Om, dis-je tout bas.

J'avais lu en effet que les bouddhistes utilisaient cette syllabe quand ils se concentraient. Om, om, om. Je prononçai cette syllabe à chaque inspiration et à chaque expiration, et je sentis ma respiration et mon pouls se calmer peu à peu.

En même temps, je laissai la musique me pénétrer tout en contemplant le tableau. Mes yeux erraient lentement au milieu du paysage, admirant l'art subtil du peintre. Le vieux moine était toujours au bord du fleuve, l'épaule droite contre l'arbre, la main gauche appuyée sur le bâton. Et le mort ligoté sur un radeau flottait toujours sur l'eau.

Mais soudain, j'eus l'impression que quelque chose avait remué. L'une des deux salamandres ne venait-elle pas de filer sur le rocher ? N'avais-je pas vu le manteau rouge qui pendait dans l'eau bouger au fil du courant ? Et les oiseaux noirs ne tournoyaient-ils pas au-dessus de l'île rocheuse ? Je me levai de mon lit pour mieux voir tous les détails et je sentis tout à coup les rochers sous mes pieds tandis qu'une odeur de varech et de poisson pourri me frappait les narines. Une bourrasque m'ébouriffa les cheveux.

Devant moi, le saint venait de faire un dernier pas de géant pour atteindre la rive. Il fit attention de ne pas écraser les deux coquillages que le courant avait jetés sur la plage, escalada les rochers, dépassa l'iris en fleur et passa devant le vieux moine sans paraître remarquer sa présence. Un peu plus haut, il déposa l'enfant sur le talus et s'essuya le front. Ils échangèrent quelques mots, mais je ne pus entendre ce qu'ils disaient à cause du murmure du fleuve qui couvrait tout autre bruit.

Je me rendis compte alors que des chants s'élevaient et j'en compris même le texte :

J'espère en toi, Seigneur,
pour trouver miséricorde dans l'éternité.
Mais je me trouvais dans un enfer sinistre
où mon labeur était vain.
Tout espoir s'est brisé, parti en fumée.
Je vois que le ciel me laisse pleurer.
Soupirs et larmes me restent
dans mon triste et grand espoir.

J'étais blessé, mais dans ma douleur
je te criais :
J'espère en toi, Seigneur.

Le vent dispersa la mélodie par-delà le fleuve.

– Loué soit Jésus-Christ, dit quelqu'un à côté de moi.

Et je m'entendis répondre :

– Amen !

– Un vieillard est comme un arbre mort. L'un perd ses dents, l'autre ses feuilles. Veux-tu traverser le fleuve ?

Le moine sortit de derrière l'arbre et vint vers moi. Je répondis oui d'un signe de tête.

– Alors, demande plutôt aux hommes qui apportent des briques pour le mur situé à l'arrière de mon ermitage.

Sa barbe maigre et toute blanche tremblait quand il parlait :

– Le géant doit se reposer. C'est non seulement le monde qu'il vient de porter sur ses épaules, mais aussi celui qui a créé le monde. Et c'est plus qu'un homme ne peut porter.

Ces paroles ne me causèrent aucune surprise. Tout me semblait aller de soi.

– Plus tard, il reprendra la route pour parcourir le monde et convertir les hommes. Quand il plantera son bâton dans la terre, des feuilles y pousseront.

Le vieillard se tut un moment avant de poursuivre :

– Longe la rive juqu'au moment où tu verras un embarcadère. Si le bateau n'est pas là, il faudra attendre qu'il revienne. Salue les hommes de la part du frère Jacques et ils ne refuseront pas le passage à un compagnon comme toi.

Je le remerciai, m'étonnant simplement que mon apparence ne lui parût pas étrange. J'avais certes les cheveux mi-longs, comme c'était la mode à l'époque, mais je portais un jean moulant, une chemise blanche par-dessus et un gilet de cuir sans manches.

J'escaladai donc les rochers de la rive et me mis en route. Au-dessus de moi, le vent poussait les nuages vers l'intérieur du pays. Il devait avoir plu peu auparavant car l'herbe et les feuilles étaient toutes luisantes et il flottait dans l'air une odeur de terre mouillée comme toujours au printemps après une averse.

Lorsque j'approchai de l'ermitage, un chien se mit à aboyer. Il y en avait un autre, plus petit, et tous deux semblaient appartenir à l'homme en train de prier à genoux devant une image sainte accrochée à un arbre.

Je m'arrêtai un moment, me demandant si je devais lui adresser la parole, mais je poursuivis ma route pour ne pas le déranger.

La maison de l'ermite était ce que l'on peut imaginer de plus bizarre. Elle était adossée aux ruines d'une petite église et aménagée sous une charpente de bois en forme de coupole recouverte de peaux de bêtes. A droite de l'ouverture, un escalier donnait autrefois accès à la tour et, derrière cet escalier, un homme construisait un mur. Bien que tout cela me parût très curieux et que l'ouverture béante me semblât même avoir quelque chose de menaçant, cela me fit penser à quelque chose, mais je ne savais pas quoi.

En passant, je vis l'étrange individu qui se trouvait dans la cabane. Il était assis à moitié nu devant un feu et séchait un vêtement. Il me considéra d'un air méfiant, ce qui me déplut. Il était aux aguets, le regard fixe. Plus tard, je me rendis compte qu'il louchait.

– Hé, toi, qu'est-ce que tu fais ici ? me cria-t-il. Mais je continuai mon chemin et fis semblant de n'avoir rien entendu. Il me vint à l'esprit qu'un peu plus bas, au bord du fleuve, il devait y avoir les deux moines avec le mort. Je restai donc à droite, supposant que du talus on pouvait avoir une bonne vue sur le fleuve. Cela se révéla exact.

Je constatai alors avec surprise qu'il n'y avait ni les deux moines ni le radeau avec le cadavre ligoté dessus.

L'endroit était désert. Ils avaient disparu sans laisser de trace.

Mais, avant que j'aie pu me remettre de mes émotions pour réfléchir à ce que j'allais faire, des voix se mirent à chanter un *Requiescat in pace. Amen.* J'entendis un léger craquement, puis le bruit du bras de l'électrophone quittant le disque pour retourner sur son support. J'étais toujours assis sur mon lit dans la position du lotus, face au mur où le saint Christophe était projeté.

Rien n'avait changé. Le saint avait les pieds dans l'eau et l'enfant sur son épaule. Le frère Jacques était appuyé à l'arbre et les moines maintenaient le radeau avec le cadavre, comme ils n'avaient cessé de le faire depuis qu'on les avait peints. Les oiseaux, eux aussi, se retrouvaient comme suspendus à d'invisibles fils au-dessus de l'île rocheuse et les salamandres s'étaient figées en pleine course.

J'avais séjourné dans le tableau le temps que dure une face de disque. La musique avait déterminé la longueur de ma métamorphose. J'éteignis le projecteur. Avant de faire le prochain essai, il fallait que je trouve le moyen de rester plus longtemps dans le tableau.

XV

Contre toute attente, ce fut un problème facile à résoudre. Comme il s'agissait de prolonger le disque de M. Winterstein, il n'y avait qu'une possibilité : l'enregistrer sur une cassette à défilement continu.

Par chance, il y avait à l'école des garçons qui faisaient des expériences sur ce type de matériel. Je pus donc emprunter une cassette, car en acheter une m'aurait coûté assez cher. J'aurais aimé enregistrer tout le disque, mais ce n'était malheureusement pas possible : la bande faisait une boucle répétant toutes les douze minutes la musique enregistrée. Je fus donc obligé de sélectionner les morceaux me semblant convenir le mieux et de les copier les uns à la suite des autres.

Après avoir lontemps réfléchi, je me décidai pour quatre chansons. Dans la première, il était question d'un homme appelé Scaramella qui part à la guerre avec sa lance et son bouclier. *La zombero, boro, borombetta,* disait le refrain. Dans la deuxième, l'auteur inconnu espérait être délivré de ses souffrances. La troisième était gaie. C'était un chant de louanges à un grillon qui ne s'envole pas comme les oiseaux peu après avoir commencé à chanter, mais qui reste jusqu'au bout. La quatrième chanson était une complainte à propos d'un amour malheureux.

Il me fallut assez longtemps pour tout enregistrer correctement sur la bande. Mais que représentaient quelques heures de travail si cette cassette me donnait la possibilité de rester dans le tableau le temps d'élucider le mystère du mort !

J'avais donc tout bien préparé et je n'attendais plus que le moment propice.

Je pensais que le mieux était de faire une nouvelle tentative à un moment où ma mère devait s'absenter quelques jours, ce qui se produisait parfois. En attendant, j'allais tous les jours au parc observer les iris. Inquiet, j'examinais chaque bouton et me lamentais chaque fois qu'une fleur se fanait.

Le mois de mai tirait à sa fin. Le froid avait fait une réapparition, puis le vent avait chassé les nuages. Il se mit à faire chaud, presque comme en été.

– Vendredi, je vais en Hollande avec Illy, annonça un jour ma mère, et je ne rentrerai que dimanche assez tard. Eteins les lumières si tu sors le soir et ferme les fenêtres s'il y a de l'orage !

Je lui promis de veiller à tout. Chaque fois qu'elle s'absente, elle semble oublier que j'ai l'habitude d'être seul dans l'appartement.

Elles partirent le vendredi, après le déjeuner. Je bouillais d'impatience.

Une fois seul, je fermai les fenêtres et les volets de ma chambre parce que la diapo projetée sur le mur se voit encore mieux dans l'obscurité. Puis je posai le pot d'algues à côté du ventilateur et mis un grain de sel sur mes lèvres. Après avoir allumé le projecteur, je fis démarrer la cassette. Puis j'allai m'asseoir sur mon lit et tentai de me concentrer.

– Om, murmurai-je en inspirant et expirant très lentement, tandis que les chanteurs entonnaient la chanson du grillon.

Le temps me parut extrêmement long. Je regardais le petit bouleau qui ployait sous le vent au centre du tableau et les voiles gonflées des bateaux de pêche. Bientôt, les deux salamandres filèrent sur les rochers et les oiseaux se mirent à tournoyer au-dessus de l'île rocheuse tandis que la cape rouge de saint Christophe bougeait au gré du courant.

Deuxième partie

Le chemin

I

– Loué soit Jésus-Christ, dit le frère Jacques.

– Ainsi soit-il, amen, répondis-je.

– Un vieil homme est comme un arbre mort, murmura-t-il d'un air las. L'un perd ses dents, l'autre ses feuilles. Veux-tu traverser le fleuve ?

Le géant avait déjà atteint l'autre rive. A bout de forces, il déposa l'enfant par terre.

– Le mieux pour toi est de demander aux hommes qui vont chercher des briques sur l'autre rive. Des briques pour le mur derrière mon ermitage.

Le vent continuait à pousser les nuages à l'intérieur des terres, et le murmure du fleuve accompagnait les paroles du moine.

Cette fois-ci, je pris mon courage à deux mains et lui demandai en regardant l'étrange cabane :

– C'est là que tu habites ?

– Mais bien sûr ! N'est-ce pas un endroit merveilleux pour écrire un grand ouvrage ? D'en haut, la vue est imprenable.

Il parlait sans doute de la cabane dans l'arbre.

– Qu'est-ce que tu écris ?

– Des légendes de saints, voyons !

– Tu n'as pas besoin de livres ?

– Mais non. Mes légendes sont vivantes. Elles passent de bouche en bouche parmi le peuple. Mais personne ne les a encore consignées par écrit.

Il s'assit sur l'un des rochers.

– Beaucoup de gens viennent me voir parce qu'ils ont besoin d'un conseil. J'écoute leurs doléances et j'essaie de les consoler. En guise de remerciement, ils me racontent une légende.

– Alors tu es le frère Jacques de Voragine ?

– Je suis le frère Jacques, le collecteur de légendes, et je suis aussi l'ermite qui a conseillé autrefois au géant Christophe de servir Dieu en transportant les voyageurs de l'autre côté du fleuve.

– Il faut que je parte maintenant, murmurai-je, assez gêné.

Il m'était désagréable de ne pas avoir reconnu un homme aussi célèbre. Mais il me vint ensuite l'idée que je pourrais lui demander qui étaient les moines au bord du fleuve.

– Tu veux parler des frères Rentius et Paulus ? Ils sont passés ce matin, pendant que le géant dormait encore. Ils voulaient prendre le bac.

Pas un mot du mort. Manifestement, il n'était pas au courant.

Je n'insistai pas et pris congé. Puis je longeai la rive. Epuisé, saint Christophe était toujours assis sur la berge.

Le grillon est un bon chanteur qui tient longtemps la note, chantait le chœur. *Bois, grillon, et chante !*

Cet air joyeux me remplit de gaieté. J'avais complètement oublié que je m'étais proposé d'élucider la cause d'un décès probablement causé par un acte violent.

Près du chemin, un héron blanc pêchait dans une mare. Rien ne le perturbait dans cette occupation, même pas les aboiements des chiens.

– *Ave Maria,* priait l'homme agenouillé devant l'image sainte, *gratia plena.* Tu es bénie entre toutes les femmes...

Derrière lui, un paysan était en train d'ouvrir le portail. Venait-il chercher conseil auprès du frère Jacques ? Ou bien lui apportait-il une nouvelle légende ?

Pour éviter les deux chiens, je voulus contourner l'ermitage du côté du fleuve. Peu m'importait que l'homme au regard si inquiétant fût encore occupé à faire sécher ses vêtements.

Comme la première fois, il se mit à crier :

– Hé, dis donc ? Qu'est-ce que tu fais ici ?

Mais je ne lui prêtai pas attention et continuai mon chemin tant bien que mal sans me retourner. Je ne jetai pas non plus un regard vers le fleuve, car je savais naturellement que le cadavre et les deux moines avaient disparu.

Près de l'un des portails de l'église en ruine, un vieillard buvait de l'eau dans une écuelle. Puis un étroit sentier descendait vers le fleuve et conduisait à l'embarcadère. Mais le bac n'était pas là. Il se trouvait sur l'autre berge et deux hommes y chargeaient des briques. Je pris alors la décision d'aller visiter la cabane dans l'arbre. Je contournai l'ermitage et trouvai une échelle que j'escaladai rapidement. La cabane était à vrai dire uniquement constituée d'un toit recouvert d'écorce et supposé protéger la plate-forme installée entre deux branches.

Le frère Jacques avait raison : la vue était imprenable. Au loin, les rochers s'estompaient dans la brume de ce début d'après-midi. Il y avait de nombreux bateaux de pêche qui me parurent aussi petits que des jouets. Les pêcheurs jetaient leurs filets dans l'embouchure du fleuve. Je vis des gens dans le port de l'île et entendis les appels plaintifs des oiseaux noirs qui tournoyaient au-dessus de la côte à la recherche de nourriture.

Sur l'autre rive, la route sinueuse menait à la ville. Un épais nuage noir y signalait un incendie.

II

Le temps s'améliorait. Ici et là, le vent écartait les nuages, laissant paraître un bout de ciel bleu.

Des taches lumineuses couraient sur le fleuve. Malgré tous mes efforts, il me fut impossible de découvrir la moindre trace du cadavre ou des moines.

Comme des moucherons dansant au-dessus de l'eau, les questions tourbillonnaient dans ma tête et j'eus vite fait de prendre la décision de me mettre aussitôt en route pour la ville. C'était probablement le seul endroit où je pourrais en apprendre davantage.

Je ne cessais de réfléchir. Les hommes avaient depuis longtemps déchargé les briques du côté du fleuve où je me trouvais. Mais juste au moment où je descendais de l'échelle, l'homme qui louchait quitta la cabane du moine.

Il regarda autour de lui d'un air méfiant, comme s'il voulait s'assurer que personne ne le suivait. Puis il se mit à courir jusqu'à l'embarcadère en faisant de grands bonds et, après avoir échangé quelques mots avec le passeur, il monta dans le bac. Comme je le trouvais inquiétant et que je voulais éviter de traverser le fleuve en sa compagnie, je demeurai immobile en attendant que la barque eût largué les amarres. Le passeur et son second se mirent à ramer. Je les vis lutter contre le courant et dériver légèrement avant d'atteindre l'autre berge. L'homme de l'ermitage les quitta et prit le chemin de la ville.

Quand la barque accosta à nouveau de mon côté et que le second eut à maintes reprises gravi l'étroit sentier pour transporter les briques dans sa hotte jusqu'à l'église en ruine, je demandai au passeur de m'emmener.

– Où veux-tu aller ? me demanda-t-il.

– A la ville, répondis-je.

Il n'avait pas à en savoir plus.

– Es-tu un compagnon-voyageur ?

Je bredouillai quelque chose qui pouvait aussi bien signifier oui que non. Et, comme je m'étais souvent rendu compte que le meilleur moyen d'éluder une question était d'en poser une soi-même, je lui demandai pourquoi on transportait des briques d'une rive à l'autre.

– Frère Jacques veut tenir la promesse qu'il a faite de reconstruire l'ancienne église. A mon avis, ces murs délabrés n'en valent pas la peine. Mais, quand les vieux se sont mis quelque chose dans la tête, ils n'en démordent pas, aussi absurde que ce soit.

Le passeur secoua la tête d'un air désolé et ajouta, comme pour confirmer ses paroles :

– C'est aussi ce qu'a dit Willem.

– Willem ?

– Oui, c'est un... et il s'interrompit brusquement. Il a fait la traversée avec nous tout à l'heure.

J'appris ainsi que l'homme qui louchait s'appelait Willem et, me souvenant des deux moines aussitôt après :

– As-tu passé deux moines ce matin ?

– Oui, mais il était presque midi. Et ils ont refusé de payer. Peut-être que ces messieurs du clergé se nourrissent du salaire de Dieu, mais ce n'est pas le cas de mes enfants.

Pendant la traversée, nous n'échangeâmes pas un mot. La force du courant tirait la barque en aval et le passeur avait fort à faire pour la diriger vers l'autre rive. Le contre-courant nous fit longer la zone plantée de roseaux, puis nous remontâmes jusqu'à la hauteur de l'ermitage. Là, nous accostâmes et descendîmes à terre. Je remerciai le passeur et cherchai dans mes poches de quoi le payer. Je lui donnai une pièce d'un mark qu'il retourna dans tous les sens.

– Tu dois venir de bien loin, dit-il. Je connais beaucoup de monnaies, mais celle-là, je ne l'ai jamais vue. Tes vêtements n'ont également rien à voir avec la mode d'ici.

Je décidai alors de me procurer d'autres vêtements le plus tôt possible.

III

L'occasion se présenta plus vite que je ne m'y attendais. Je n'avais fait que quelques pas sur l'étroite route menant à la ville quand j'aperçus sur la droite un homme qui se reposait.

– Hé, me lança-t-il, viens donc t'asseoir un moment à côté de moi !

Je dévalai le talus et m'assis près de lui. Nous parlâmes de choses et d'autres, d'abord du temps qu'il faisait puis des événements politiques. Je constatai avec satisfaction que grâce à mes lectures j'étais bien au courant de la situation. La langue ne me créait pas non plus de difficultés.

Cet homme était fabricant de voiles de son métier. Il se rendait chez ses parents qu'il n'avait pas vus depuis un certain nombre d'années. Sa profession lui avait fait parcourir le vaste monde. Comme tant d'hommes ayant vogué de par les mers, il savait raconter des histoires passionnantes.

– D'où viens-tu et où vas-tu ? finit-il par me demander.

J'inventai aussitôt une histoire de voyage à travers de lointains pays, et je lui dis que j'étais venu aux Pays-Bas pour apprendre le métier de peintre.

– Ah bon, dit-il. Maintenant je comprends mieux pourquoi tu as des vêtements aussi bizarres.

– Ils te plaisent ?

– Oui. J'aime ce qui sort de l'ordinaire.

– Tu les veux ? proposai-je.

A ma grande surprise, il accepta sur-le-champ. Nous nous déshabillâmes et j'échangeai mon jean, ma chemise et mon gilet de cuir contre ses vêtements.

Cette transformation nous fit beaucoup rire. Nous restâmes encore un moment ensemble, puis nous prîmes congé. Il continuait en amont.

– Si tu veux être peintre, dit-il avant de partir, il faut que tu ailles en apprentissage chez un maître de la guilde de Saint Luc. Ce sont les meilleurs.

Vêtu comme le voilier – pantalon de drap, blouse de toile, pourpoint et galoches –, je poursuivis mon chemin, espérant passer inaperçu. Peu à peu, ma crainte de ne pas savoir m'adapter à l'époque où je me retrouvais disparut.

Les rayons du soleil couchant auréolaient la

silhouette du château dont les fenêtres sombres ressemblaient aux orbites creuses d'une tête de mort fixant la vallée.

Le vent faisait frémir les roseaux sur la rive. En passant sur l'eau, il apportait avec lui une mélodie. *Tout espoir s'est brisé, parti en fumée...*, chantait une voix, accompagnée du clapotement de l'eau. *Je vois que le ciel me laisse pleurer.*

J'avais l'impression d'entendre au loin la respiration des vagues.

En marchant le long du fleuve, j'examinais les nombreuses traces de passage et je réfléchissais à la meilleure façon d'entamer mes recherches sans attirer les soupçons. Comme rien d'autre ne m'était venu à l'esprit, j'avais raconté au voilier que je voulais apprendre le métier de peintre. Plus j'y pensais, plus cette idée me paraissait bonne, car j'avais toujours eu le désir d'être peintre.

Le cadavre du fleuve avait été peint par Patinir. Peut-être aurai-je la chance que la ville visible au fond du tableau fut vraiment celle d'Anvers. Le plus simple serait alors d'essayer de trouver du travail dans son atelier ! Réfléchissant à la façon de m'y prendre, j'oubliai le monde qui m'entourait – et je sursautai quand quelqu'un m'adressa la parole.

– Que Dieu soit avec toi, mon garçon. Tu veux aller à la ville ?

C'était un paysan. Il portait une hotte et s'appuyait en marchant sur un bâton, tout comme la femme qui l'accompagnait. De temps à autre, il jetait un coup d'œil inquiet par-dessus son épaule. Ils ressemblaient au couple du tableau de Patinir.

– Méfie-toi des cavaliers de l'empereur. Ce sont des brutes qui ne font ni une ni deux quand ils tombent sur quelqu'un comme toi. Ils te collent une lance dans la main et, en un clin d'œil, tu te retrouves au service de notre maître tout-puissant.

Et la femme ajouta :

– Ils volent le bétail des paysans et les obligent à les suivre en poussant le troupeau. Et si vous osez vous défendre, on vous tue. Hier soir, une troupe est arrivée dans le coin et j'ai eu l'impression tout à l'heure d'entendre un bruit d'armes derrière nous.

C'était de bien mauvais augure et je n'étais pas préparé à cela.

– Sommes-nous en guerre ? demandai-je, angoissé.

Le paysan me regarda avec étonnement.

– Ne le sommes-nous pas depuis trois ans, c'est-à-dire depuis que notre maître a été élu empereur devant le roi de France ? Maintenant, il y a sans cesse des escarmouches à la frontière.

– Tais-toi ! En quoi cela intéresse-t-il ce garçon ? dit la femme.

Elle poursuivit en s'adressant à moi :

– Ne te fais pas de souci. Les Français ne viennent pas jusqu'ici. Tu es en sûreté, pour peu que tu veilles à ne pas te faire attraper par les cavaliers !

Je me souvins alors que j'avais lu pas mal de choses dans mes livres sur la querelle entre l'empereur Charles et le roi François, et je me promis de ne plus poser de questions aussi stupides.

Je pris congé du couple et poursuivis ma route. Mais à peine avais-je fait quelques pas que j'entendis moi aussi un bruit d'armes, des cris poussés par des hommes et les beuglements du bétail. A ma grande frayeur, je vis que, juste après le prochain tournant, une troupe de guerriers venait à ma rencontre. A côté d'eux, des hommes poussaient un troupeau de bêtes. C'étaient les cavaliers de l'empereur contre lesquels on venait de me mettre en garde.

Il ne manquait plus que cela ! Je me hâtai de chercher une cachette et me réfugiai dans un hangar près de la route. Une lucarne étroite ménagée sous le toit me permettait de voir le chemin sans être aperçu.

J'eus de la chance : les cavaliers firent halte juste devant le hangar. Ils mirent pied à terre pour se dégourdir les jambes pendant que le bétail broutait l'herbe de la prairie et que les hommes s'asseyaient par terre.

La peur me faisait transpirer à grosses gouttes : j'osais à peine respirer. La cabane sentait le renfermé, le bois pourri et la tourbe. La poussière soulevée par mon entrée précipitée me piquait les narines et je faillis éternuer. Mais, petit à petit, je repris courage et me mis à écouter la conversation des cavaliers.

– Hé, s'écria l'un d'eux, tiens mon cheval ! Il faut que j'aille pisser.

– Alors dépêche-toi !

– Où veut-il aller, l'empereur ? demanda un autre.

– En Espagne.

– Pourquoi ?

– Parce qu'il croit qu'il lui sera plus facile de régner là-bas que chez nous aux Pays-Bas.

– Et qui va s'occuper des affaires du pays ?

– Sa tante, la reine Marguerite. Bah, je trouve qu'une femme n'a qu'à se contenter d'être belle. Gouverner un pays, c'est une affaire d'homme.

– Si l'empereur l'a nommée gouvernante des Pays-Bas, c'est peut-être parce qu'elle fait partie de ces femmes qui portent la culotte !

Un rire tonitruant suivit ces propos.

Quand les voix s'éloignèrent un peu, je risquai un coup d'œil par la lucarne.

Les cavaliers étaient assis par groupes. Chacun tenait son cheval par la bride. Certains avaient enlevé leur casque, d'autres avaient simplement desserré leur armure. Ils avaient planté leurs lances à côté d'eux. L'un d'entre eux, sans doute le capitaine, portait une armure particulièrement splendide sur un pantalon bouffant à crevés de couleur et il avait un casque en forme de poire sur la tête. Quand il se leva et se dirigea vers ma cachette, mon cœur cessa de battre un court instant. Mais il s'éloigna juste un peu du groupe, demanda à quelqu'un de le rejoindre et se mit à lui parler à voix basse. Je ne pus malheureusement saisir que des bribes de leur conversation.

– ... pensait que c'était un espion français...

– ... que... ?

– ... possible... davantage en route...

– ... faire attention aux étrangers...

– ... l'exécuter sans autre forme de procès...

Le capitaine regarda autour de lui d'un air méfiant et baissa encore la voix, si bien que je n'entendis plus rien. Qui était cet espion français dont il avait parlé ? Qui voulait-il exécuter ?

Même si je ne pouvais répondre à ces questions, il était clair pour moi que le chemin allait être assez dangereux. J'étais un étranger. Personne ne me connaissait. C'est seulement dans la foule que je pourrais me sentir à peu près à l'abri, car il s'y trouvait certainement un grand nombre de marins, et au milieu d'eux un étranger ne pouvait attirer l'attention.

Je regardai le ciel. Le soleil était encore assez

haut au-dessus de l'horizon, bien que les ombres des arbres aient commencé à s'allonger. Je me demandai s'il n'était pas plus sage de rester là et d'attendre au moins que l'obscurité fût tombée. Mais je repoussai aussitôt cette idée parce que la ville était encore loin et que j'avais faim. De plus, j'avais peur du noir. Peut-être trouverais-je au moulin quelque chose à manger et un abri pour la nuit ?

Pendant que je me livrais à ces pensées, les cavaliers étaient remontés en selle. Les hommes rassemblèrent le bétail qui paissait tranquillement au bord du chemin et, avec force cris et cliquetis d'armes, la troupe s'éloigna vers l'intérieur des terres.

IV

J'attendis que le silence fût rétabli, me glissai hors du hangar et regardai autour de moi. Pas un chat à la ronde.

Une barque de pêcheur louvoyait sur le fleuve et les vagues formaient une mousse blanche et neigeuse devant la proue. Le vent agitait les feuilles d'un bouleau, produisant un léger bruit semblable au doux clapotis d'un petit ruisseau.

Je repensai à la réponse d'Illy quand je lui avais demandé pourquoi les arbres étaient ployés sous le vent au milieu du tableau alors qu'ailleurs le calme régnait. « Cela pourrait être une question de moment, m'avait-elle expliqué. Si un voyageur a quitté la ville par temps calme le matin, on peut tout à fait imaginer que, vers midi, une légère brise passagère ait fait ployer les branches du bouleau au moment même où il passait devant. »

Si cette supposition était vraie, cela signifiait que les événements représentés au fond du tableau pouvaient s'être produits plus tôt, peut-être hier ou ce matin.

Rassuré, je réalisai que, dans ces conditions, la scène dans la cour du moulin où deux hommes étaient penchés sur un troisième homme tombé par terre, pouvait s'être passée tôt dans la matinée, mais éventuellement la veille au soir ou pendant la nuit. Il m'était difficile de m'accoutumer à l'idée que je ne me trouvais ni dans le monde où j'étais né, ni dans un monde futur où une fusée habitée allait voler vers Mars, mais dans un passé qui commençait au mois de mai 1522.

Je me hâtais, mais mes pieds me firent bientôt souffrir car les galoches du voilier étaient un peu trop petites pour moi. Il faisait encore jour et le nuage de fumée était très visible au-dessus de la ville. Une odeur de brûlé assaillit mes narines. Très loin, une cloche se mit à tinter. C'était comme une plainte, parfois un peu plus forte, puis plus douce, comme si on voulait rappeler aux hommes combien la vie est éphémère.

Etait-ce la cloche de l'ermitage ?

En guise de réponse, les cloches de la cathédrale se mirent à sonner à toute volée. Elles couvrirent bientôt les voix suaves qui m'accompagnaient en permanence et répétaient inlassablement les chansons de maître Josquin.

Le son des cloches déferla et fit trembler l'air. Il s'élança vers la mer, en direction du soleil, retentit à l'intérieur des terres et par-dessus le fleuve où les rochers le renvoyèrent sous forme d'écho. Exigeant respect et soumission, il appelait les hommes à la prière du soir.

Au bout d'un certain temps, les intervalles entre les coups s'allongèrent. Peu à peu, le son s'évanouit. On entendait seulement la petite cloche de l'ermitage qui finit, elle aussi, par s'arrêter. Le calme revint. Dans les buissons, les pinsons se remirent bientôt à siffler et la chanson de maître Josquin me parvint de très loin.

Scaramella part à la guerre
avec sa lance et son bouclier.
La zombero, boro borombetta !

V

Le moulin comportait plusieurs bâtiments groupés autour d'une cour. Tout voyageur allant à la ville par ce chemin était forcé de passer par cette cour. Mais, avant d'y parvenir, il fallait traverser un marécage puis un pont enjambant le ruisseau. Quand j'arrivai, la grande roue était immobile. Sous la surveillance d'un coq déplumé, quelques poules grattaient le sable à la recherche de grain. J'étais en train de m'interroger pour savoir si j'allais demander asile au meunier, me débrouiller tout seul ou continuer ma route, quand j'entendis des voix par la porte du logis restée entrouverte. Je ne pus m'empêcher de prêter l'oreille.

– ... Tu avais l'impression de le connaître ? demandait une voix d'homme, probablement celle du meunier.

– ... Oui, mais je ne sais pas où je l'ai vu, lui répondait une autre voix. Peut-être l'ai-je déjà rencontré en ville. Qu'est-ce qu'il voulait cet individu ?

– Il ne l'a pas dit. Il a juste posé des questions sur l'incendie. Mais quand je lui ai répondu, il ne m'a pas écouté. Il n'arrêtait pas de se retourner, comme s'il avait peur d'être poursuivi.

– Tu crois qu'il sait quelque chose à propos d'hier soir ? demanda le garçon, angoissé.

– Dieu nous garde !

Ils se mirent à parler plus bas et je n'entendis plus que des bribes.

– ... là-haut... derrière l'ermitage... dans l'eau...

Une voix de femme intervint.

– Arrêtez donc ! Vous n'y changerez plus rien. L'un d'entre vous veut-il de la soupe ?

Le bruit de la vaisselle et une délicieuse odeur de lard grillé me décidèrent et je frappai à la porte. Il y eut aussitôt deux ou trois pas précipités. La porte me claqua au nez.

– Qui est là ?

J'entendis des chuchotements, le bruit d'une chaise renversée et, au fond de la pièce, une porte qui se refermait brutalement.

– Je m'appelle Peter Stensbeck et je vais à la ville pour chercher du travail ! criai-je bien fort.

– Que veux-tu ?

– Pourrais-je avoir à manger ? Je ne suis pas d'ici et j'ai faim.

– ... pas d'ici, chuchota la femme sur un ton effrayé.

– Laisse-le entrer ! dit l'homme.

Quand on m'ouvrit, il n'y avait plus qu'un homme et une femme dans la pièce.

– Entre donc !

Le meunier avait l'air sympathique avec son visage tout rond strié de veines bleues. Ses petits yeux enfoncés dans des coussinets de graisse m'examinaient avec curiosité, mais ce qu'il vit ne sembla pas lui déplaire. Il ordonna à sa femme de m'apporter une cuillère pour que je puisse me servir dans le plat posé au milieu de la table. Elle y joignit une tranche de pain.

Il faisait trop sombre pour distinguer grand-chose. Sur la table était posée une lampe à huile à la flamme vacillante. La femme portait une coiffe toute simple comme j'en avais vu sur les tableaux des peintres flamands. C'était un simple morceau de drap empesé de forme carrée fixé au sommet du crâne et encadrant les tempes en un grand arc en demi-lune. Les coins amidonnés soulignaient les pommettes. Son mari portait une blouse rayée complètement couverte de farine. Il allongeait tellement ses jambes sous la table que j'avais à peine la place d'y mettre les miennes.

– Tu cherches du travail ? me demanda-t-il.

– A vrai dire, je cherche plutôt une place d'apprenti.

– Dans un moulin ?

J'hésitai car je ne savais pas très bien quoi lui répondre.

– Je ne sais pas encore, dis-je enfin. J'aimerais surtout travailler chez un peintre. On m'a dit qu'il y a en ville un certain nombre d'ateliers acceptant des apprentis.

– Ah bon, bougonna le meunier, et il murmura : encore un fou !

Son visage imberbe exprimait l'étonnement.

– Et pourquoi viens-tu ici au moulin demander pareille chose ?

Je pris alors mon courage à deux mains et lui racontai ma rencontre avec le paysan et sa femme qui m'avaient mis en garde contre les soldats de l'empereur. Je lui dis que j'avais effectivement failli tomber aux mains d'un groupe armé, que je m'étais caché et que j'avais pu surprendre une conversation entre le capitaine et l'un des cavaliers. Il fut très surpris quand j'ajoutai que j'avais appris ainsi que des espions du roi de France circulaient dans le pays et que ces soldats avaient pour mission de les neutraliser. Enfin, je lui avouai que la véritable raison de ma venue au moulin était de demander un abri parce que j'avais peur d'être emmené par les cavaliers de l'empereur.

Le meunier ne chercha plus à en savoir davantage.

Lorsque je reposai ma cuillère, il fit un signe de tête à sa femme qui me fit comprendre que je devais la suivre. Une autre lampe à huile à la main, elle traversa la cour et me désigna, dans une petite pièce jouxtant celle où le grain était moulu, un grand tas de sacs vides.

– Voilà, dit-elle simplement. C'est doux et chaud. Nous n'avons rien de mieux à t'offrir.

J'eus à peine le temps de la remercier. Elle

referma aussitôt la porte et je me retrouvai dans le noir. Mais j'étais si fatigué que je me laissai tomber tout habillé sur le tas de sacs. J'en pris deux comme couverture, en roulai un sous ma tête et m'endormis sur-le-champ.

VI

Je me réveillai en pleine nuit avec le sentiment de ne plus être seul. Un léger courant d'air me passait sur le visage et j'avais l'impression d'entendre une respiration.

– Il y a quelqu'un ? demandai-je en fixant l'obscurité.

– Chut, doucement, chuchota quelqu'un. Je ne te ferai pas de mal. Je veux seulement te parler.

– Qui es-tu ?

– Le fils du meunier, Jan.

Je reconnus sa voix. Aucun doute, c'était lui la troisième personne que j'avais entendue parler la veille au soir.

– Et que me veux-tu au beau milieu de la nuit ?

– Je t'ai entendu raconter à mon père que tu aimerais devenir peintre. C'est bien vrai ?

– Pourquoi mentirais-je ?

Je sentais qu'il s'approchait lentement. Il s'assit sur les sacs à côté de moi.

– Je te pose cette question parce que je suis le valet d'un peintre.

– Son valet ! Qu'est-ce que tu dois faire ?

– Tout ce qui incombe à un apprenti : broyer les couleurs, chauffer la colle, découper les panneaux de bois et les apprêter, et tout le travail habituel dans un atelier.

Je ne pus me retenir de lui demander s'il connaissait par hasard un peintre du nom de Joachim Patinir. Et à ma grande surprise, il répondit :

– Pour sûr, c'est mon maître ! Tu le connais ?

– Non, mais j'ai beaucoup entendu parler de lui et j'aimerais bien entrer en apprentissage chez lui.

– C'est peut-être possible, dit-il. Tu n'as qu'à aller demander. Si tu sais lire, écrire et dessiner, et si tu peux certifier que ton père et ta mère étaient mariés au moment de ta naissance, tu n'as plus qu'à lui plaire et il te prendra.

Beaucoup plus tard, quand je fus à nouveau seul, ces conditions me revinrent à l'esprit, entre autres qu'il fallait être un enfant légitime pour pouvoir être accepté par un maître. Je réalisai alors que je me trouvais à une époque où régnaient des valeurs morales différentes des nôtres. Mais, au moment où le fils du meunier me les révéla, je n'avais pas le temps de m'appesantir sur la question. Je voulais plutôt savoir pourquoi il était valet et non apprenti.

– Parce qu'on ne gagne presque rien comme apprenti, répondit-il. Certains maîtres se font même payer pour cela. Mais un apprenti a le droit d'être présent quand un commanditaire négocie avec le maître. Nous, les valets, nous ne pouvons assister que le samedi aux séances où le maître discute du travail à faire et répond aux questions. Il ne nous est pas permis non plus d'aller aux réunions de la guilde. C'est le privilège des apprentis, car il faut bien qu'ils apprennent comment les choses se passent.

– Tu ne veux donc pas devenir peintre un jour ?

Il poussa un profond soupir :

– Ce serait trop beau ! Pour moi, il n'y a que la peinture et le dessin qui comptent en ce bas monde. Mais mon père y est opposé. Il pense qu'un fils de meunier n'est pas capable de faire ce métier, et pourtant, combien de fois lui ai-je raconté l'histoire du peintre Quentin Metsys, le meilleur ami de mon maître ! Il avait d'abord appris le métier de forgeron et, s'il est venu à la peinture, c'est parce qu'il est tombé amoureux de la fille d'un peintre. Il voulait prouver au père de cette jeune fille qu'il pouvait être davantage qu'un simple forgeron. Il a accepté un poste d'apprenti chez lui et s'est mis à étudier la peinture avec passion. Pendant une absence du peintre, il peignit sur une toile une mouche qui semblait si vraie que le maître essaya de la chasser quand il voulut continuer son tableau. Mais quand il s'aperçut de son erreur, il s'écria, stupéfait : « Voilà une bonne plaisanterie ! Celui qui m'a joué ce tour est un grand artiste ! » Son élève avoua qu'il en était l'auteur, et il reçut immédiatement l'autorisation d'épouser la jeune fille. Tu ne connais pas Quentin Metsys, le peintre du célèbre autel de saint Jean dans l'église Notre-Dame d'Anvers ?

Je me souvenais en effet de Quentin Metsys car j'avais lu quelque chose à son sujet dans l'un des livres où j'avais cherché des informations sur maître Joachim.

– Tu connais certainement aussi le célèbre maître Albrecht de Nuremberg qui a séjourné ici pendant près d'un an ? Un jour, mon maître m'a envoyé chez ce peintre qui avait besoin de quelqu'un sachant broyer les couleurs. C'est ainsi que j'ai fait sa connaissance. En récompense de mes services, il m'a offert un petit tableau peint par un élève. Ah, comme j'envie cet élève !

Assis dans le noir, nous continuâmes à converser comme de vieux amis, mais il est facile de parler dans l'obscurité. On dit tout ce que l'on a sur le cœur, même si on ne se connaît pas.

– Pourquoi t'es-tu sauvé quand j'ai frappé chez vous ? lui demandai-je.

Mais il n'y eut pas de réponse.

– Je dois partir maintenant, dit Jan. Si tu veux, tu peux m'accompagner demain. Aujourd'hui je ne suis pas allé à l'atelier parce que je ne me sentais pas bien, mais demain c'est samedi et il y a réunion de travail. Ce serait une bonne occasion pour toi de demander une place d'apprenti à mon maître, non ? Il faudra seulement que je passe au marché avant.

Je ne compris vraiment ce que m'avait dit le fils du meunier qu'une fois seul dans la pièce dont je scrutais l'obscurité les yeux grands ouverts. N'avais-je pas lu dans les notes de Dürer que maître Joachim lui avait envoyé son valet pour qu'il puisse l'aider et broyer ses couleurs. Ce valet, c'était donc Jan, le fils du meunier ! Comparant mon enquête autour du mystérieux cadavre avec le labyrinthe du minotaure, je me disais que j'avais maintenant l'extrémité du fil d'Ariane dans la main et qu'il pourrait m'aider à trouver le bon chemin.

Le hasard m'avait fait rencontrer, avant même d'atteindre la ville, un jeune homme travaillant chez le peintre du *Saint Christophe,* et je dois dire que cela me préoccupait. Jusqu'ici, je n'aimais pas les livres où la solution de l'énigme dépendait de pures coïncidences, reprochant à leur auteur d'utiliser des artifices par trop faciles.

Mais là, ce hasard me sembla constituer la preuve qu'il y avait entre les nombreuses scènes inexplicables du tableau un lien plus ou moins ténu. Apparemment, ce qui s'était passé dans la cour du moulin avait un rapport avec le cadavre du radeau et avec le peintre. Ce qui pouvait confirmer cette idée, c'est que de nombreux historiens de l'art mettaient en relation ce tableau avec les dessins de saint Christophe offerts par Dürer à maître Joachim en mai 1521.

Je décidai donc d'accompagner Jan à la ville et d'essayer grâce à lui d'entrer dans la maison de Joachim Patinir. J'eus un moment envie de l'interroger directement sur les tableaux du peintre, mais j'y renonçai aussitôt : pour des raisons bien compréhensibles, je ne voulais pas avoir à lui répondre s'il me demandait d'où je tenais tout mon savoir.

VII

Jusqu'ici, je ne connaissais que la voix de Jan. Je découvris son apparence physique le lendemain matin.

Il avait le même âge que moi. Ses yeux bleu clair, très rapprochés, observaient avec vivacité tout ce qui se passait autour de lui. Son nez un peu trop grand dominait un menton relativement petit, partagé en deux par une fossette. Il portait sur ses cheveux mi-longs d'un blond roux un bonnet de drap brun, et sa chemise de lin plissée au cou était maintenue par une ceinture. Il était pâle et semblait épuisé. Les cernes sombres sous ses yeux signalaient qu'il n'avait pas assez dormi.

Nous quittâmes le moulin à l'aube.

La mère de Jan nous avait préparé un bon petit déjeuner. Il y avait pour chacun une épaisse tranche de lard fumé avec du pain et du fromage, et du lait chaud à volonté.

– Fais attention à toi, avait dit la meunière à son fils au moment du départ en lui caressant la joue du dos de la main. Tu sais, le drôle de type d'hier...

Elle ne termina pas sa phrase, mais Jan comprit manifestement ce qu'elle voulait dire.

Le meunier lui dit :

– Ne te fais pas de soucis. Tout va bien.

Jan n'avait fait qu'acquiescer d'un signe de tête à toutes ces paroles, puis il avait jeté un grand sac sur son épaule.

– Viens, me dit-il.

Je remerciai ses parents pour leur hospitalité et le suivis.

C'était une belle matinée. L'air transparent était agité d'une légère brise. La chaleur du soleil chassait les frissonnements de la nuit. Au bout de quelques pas, nous étions déjà parvenus au petit bois situé entre le moulin et les portes de la ville.

J'espère en toi, Seigneur, chantaient les voix, ou était-ce le murmure des feuilles qui ressemblait à un chant ? Sur un arbre tout proche sifflait un loriot et les rayons obliques du soleil projetaient des taches de lumière qui tremblotaient sur le sol moussu.

– Tu aimes la musique ? demandai-je à Jan.

– Oui, beaucoup, répondit-il. Mais pas autant que la peinture.

Nous devisâmes un moment. Je lui parlai de mes essais en peinture et lui racontai que, tout enfant déjà, mon seul désir était de devenir peintre. Il en était exactement de même pour lui. Nous nous sentions très proches.

– Est-ce que maître Joachim peint en votre présence ? lui demandai-je.

– Oui, dit-il.

Il hésita, puis ajouta :

– Enfin... normalement, il travaille toujours avec nous dans le grand atelier. Mais cela a changé depuis quelques mois.

– Depuis quand ?

Jan réfléchit.

– Peut-être depuis la fin de l'été dernier, ou au début de l'hiver. Un jour, il s'est fait préparer un grand panneau de bois qu'il a fait transporter dans une pièce reliée à l'atelier par un escalier. Depuis, il s'y enferme plusieurs heures par jour et personne ne doit le déranger. Nous ignorons tous ce qu'il peint. En tout cas, ce n'est pas une commande.

Nous marchâmes côte à côte sans rien dire pendant un moment. Je repensais au cadavre et à la raison de ma présence en ces lieux : je voulais élucider le mystère de cette mort. L'envie me reprit d'interroger Jan à propos de ce cadavre, mais je repoussai cette idée car, s'il était vraiment au courant, il ne dirait rien de peur d'attirer les soupçons sur sa personne. Je devais essayer de le sonder sans qu'il s'en aperçoive et il fallait aussi que je fasse la connaissance du peintre du tableau.

C'était le seul moyen de progresser dans mes recherches.

VIII

Quand la forêt s'éclaircit et que les premières maisons apparurent à travers les arbres, l'odeur de brûlé déjà perceptible la veille m'assaillit à nouveau. Mais, maintenant, c'était plutôt une odeur de cendres pas tout à fait refroidies.

– Il y a eu un incendie ? demandai-je à Jan.

Il fit signe que oui.

– Ils ont mis le feu à la maison d'un hérétique.

– Qui *ils* ?

– La populace. Les partisans de l'Inquisition.

Son visage exprimait horreur et dégoût.

– Et qui était l'hérétique ?

– Un simple marchand qui, lors d'un voyage à travers les provinces allemandes, a entendu Luther prêcher. Comme ses thèses lui ont plu et qu'il n'a trouvé personne capable de les réfuter de façon convaincante, il s'est rallié à Luther.

– Comment le sais-tu ? Tu connaissais ce marchand ?

– Vaguement, mais je l'ai entendu en parler à maître Joachim.

– Et pourquoi a-t-on mis le feu à sa maison ? demandai-je.

Il me regarda d'un air stupéfait et s'étonna de ma naïveté. J'appris que les gens qui ne pensaient pas comme tout le monde étaient généralement mal vus et le plus souvent suspects. Et, quand il s'agissait de croyance, comme dans le cas présent, on les accusait rapidement d'être des impies, voire des suppôts du diable. Or, l'impiété et la sorcellerie relevaient du Saint-Office qui avait ordonné l'arrestation du marchand trois jours auparavant.

– La nouvelle a été divulguée et, peu après, une foule de brutes glapissantes s'est rassemblée devant la maison du marchand. A peine la garde avait-elle emmené le coupable que les premières flammes jaillissaient des solives. Si les pignons des maisons voisines n'avaient pas été pourvus de redents empêchant les étincelles de passer trop facilement de l'autre côté, les ravages auraient pu être considérables.

– Tu as été témoin de tout cela ?

– Non. Cela s'est passé le matin quand je travaillais à l'atelier. Mais j'ai entendu les huées de la foule, le tocsin et le bruit des armes des soldats emmenant le pauvre marchand à la forteresse du port.

Je lui posai alors une question imprudente :

– Et qu'est-ce qui s'est passé avec les deux navires qui sont entrés en collision à l'entrée du port ?

Je me rendis compte de mon erreur quand il s'arrêta en me regardant d'un air surpris. Mais il était déjà trop tard.

– Comment es-tu au courant ? me demanda-t-il d'un air méfiant. La nouvelle de cette collision s'est-elle répandue si vite que cela, ou bien es-tu un espion au service du roi de France ?

Par chance, je repensai à ma rencontre avec le

voilier. Sans entrer dans les détails, je racontai à Jan que c'était lui qui m'en avait parlé car il venait directement du port. Mon explication sembla le satisfaire.

– Oui, dit-il. Ce fut une terrible journée. C'est déjà assez pénible que les troupes de l'empereur recrutent de force tout homme jeune et fort, que les espions français soient partout et que des citoyens en colère mettent le feu à la maison d'un homme ayant osé ne pas penser comme tout le monde. Pour comble de malheur, il a fallu que deux capitaines se querellent à propos de l'entrée dans le port, bien que...

Il s'interrompit.

– Bien que ? demandai-je.

– Cela devait se produire tôt ou tard. Le chenal est étroit et les capitaines ont leur fierté. On pouvait prévoir depuis longtemps que deux navires parviendraient un jour au chenal en même temps et qu'ils se soucieraient comme d'une guigne des consignes en vigueur.

C'était une explication si simple que je m'en voulus de ne pas y avoir songé tout seul.

IX

Nous traversâmes la place sur laquelle, la veille, la foule s'était attroupée. Le fait qu'il y eût aussi des maisons à l'extérieur des murs était sans doute un signe de prospérité : la ville grandissait vite et il n'y avait plus assez de place pour les habitants.

Le sol argileux était parsemé de lances brisées, de gourdins et de pierres. Le frontispice de la maison du marchand ne paraissait pas trop endommagé, mais l'arrière n'était plus qu'un tas de ruines fumantes et la charpente calcinée semblait invectiver le ciel.

Jan me fit passer la porte crénelée de la ville. Il voulait d'abord aller sur la place du marché car sa mère lui avait demandé de faire quelques courses.

Les hautes maisons de brique laissaient pénétrer peu de lumière dans les ruelles. Contrairement à la place située devant la porte de la ville, celles-ci étaient pavées, mais les lourds véhicules des marchands et des paysans avaient à maints endroits gauchi le pavage ou creusé de profondes rigoles.

Comme il est habituel un jour de marché, la foule était considérable. Les femmes portaient ballots et cruches sur la tête, les hommes tiraient des carrioles surchargées ou poussaient leur âne devant eux ; il y avait aussi, bien sûr, des voitures à cheval. Il flottait dans l'air des odeurs de poisson et de légumes pourris, de varech, de poix et de fiente.

Sur la grande place du marché, les gens se

pressaient devant les échoppes. Les ménagères et les servantes achetaient poulets, œufs, beurre, fromage et autres denrées. Les hommes faisaient l'acquisition d'étoffes, d'ustensiles en fer ou de poteries. Les chiens et les enfants couraient au milieu de tout ce beau monde. Dans les boulangeries, il y avait non seulement du pain blanc mais aussi des bretzels et différents pâtés ainsi que de l'avoine moulue pour faire de la purée. Des paysannes étaient assises derrière leurs paniers remplis d'oignons et de haricots secs. Certains marchands vendaient du vin en provenance des pays du Sud. Chez les bouchers, de gigantesques moitiés de bœuf et de porc pendaient à des crochets de fer et les poissonniers proposaient à la cantonade morue séchée et harengs.

J'allais de surprise en surprise, tandis que Jan faisait l'emplette ici d'un peigne et là d'un plat en terre ; il acheta aussi un rouleau de fil à une jeune fille, quelques clous à un ferronnier et il mit le tout dans son grand sac.

Soudain, je découvris au milieu de la foule l'homme de l'ermitage que le passeur avait appelé Willem. Il se trouvait en compagnie de deux moines. Tous trois se parlaient à l'oreille et chuchotaient comme s'ils avaient à se dire des choses que personne ne devait entendre. Les moines portaient un froc bleu avec une capuche noire, exactement comme le frère Jacques. Je ne pus m'empêcher de penser qu'il s'agissait peut-être des frères Rentius et Paulus, c'est-à-dire des deux moines qui, dans le *Saint Christophe,* maintenaient le radeau où était attaché le mort. En effet, la couleur de leur froc était analogue à celle du tableau. Le comportement des trois hommes ne fit que me confirmer dans l'idée qu'ils avaient sans doute un rapport avec le cadavre car, de temps à autre, l'un d'entre eux se retournait d'un air méfiant.

– Regarde, les... ! dis-je à Jan en le tirant par la manche et en faisant un signe de tête dans la direction des trois hommes.

Jan se retourna et se figea sur place. Une ombre passa sur son visage et il pâlit.

– C'est lui... murmura-t-il d'une voix blanche, et il me sembla l'entendre ajouter : il est donc sur mes traces.

Pourtant, je n'avais pas l'impression que Willem le poursuivait.

Très vite, les trois compères se séparèrent ; ils prirent des directions différentes et disparurent dans la foule.

Jan et moi poursuivîmes notre chemin sans rien dire.

Nous parvînmes à un coin de la place où des dentellières vendaient leurs ouvrages. Il y avait des dentelles d'une extrême finesse et des petits passements brodés dont les dames distinguées ornaient leurs plus belles robes. Devant les étalages se pressaient un grand nombre de jeunes filles examinant de près la marchandise à la recherche de nœuds et autres défauts.

Les femmes du marché que nous avions vues auparavant étaient aussi rondes que leurs fromages ; mais ces femmes-là étaient si délicates qu'on aurait pu les comparer aux fleurs disposées en gros bouquets devant certaines boutiques. L'une d'elles attira particulièrement mon attention. Non pas qu'elle fût habillée autrement que les autres : sur une jupe ample, couleur moutarde, qui lui arrivait aux chevilles, elle portait un tablier et avait recouvert son corselet bleu clair d'un fichu. Aujourd'hui, je ne sais plus exactement pourquoi je restai figé sur place, à la regarder. Peut-être était-ce l'inclinaison de sa tête, la courbe de sa nuque dénudée ou la mèche de cheveux dorés que le vent avait fait sortir de sa coiffe. Peut-être était-ce sa main aux longs doigts si fins qui examinaient une pièce de dentelle, ou le sourire qu'elle adressa à la femme qui devait avoir passé de longues heures à confectionner cet ouvrage.

Se sentant observée, elle leva la tête et ses yeux effleurèrent mon visage qui s'embrasa aussitôt de confusion. Je la vis faire un signe de tête à Jan, puis elle disparut dans la foule sans avoir acheté la pièce de dentelle.

– Qui était-ce ? demandai-je à Jan.

– Brigitte, la fille aînée de maître Joachim.

– A-t-il beaucoup d'enfants ?

– Deux jusqu'à maintenant. Brigitte et Anna. Elles sont du premier lit. Mme Francisca est morte il y a deux ans et il s'est remarié l'an passé. Mme Johanna attend un enfant.

Je repensai alors à la salamandre, symbole de l'âme retrouvant sa jeunesse dans les flammes du purgatoire. Car rien de neuf ne peut advenir sans que l'ancien ne meure. Une femme trépasse et la deuxième porte déjà un enfant en son sein.

X

Nous quittâmes le marché pour nous rendre chez maître Joachim, et passâmes devant la cathédrale. De loin, ses murs paraissaient gris, mais ils étaient, en fait, d'un grès de couleur brune tirant vers le jaune. Malgré leur taille impressionnante, les façades percées d'innombrables demi-colonnes, de fenêtres en ogive, de fleurons et de petites rosaces avaient la légèreté des dentelles que nous venions d'admirer. A cette différence près que celles-ci étaient en pierre. A tous les coins et sur toutes les bordures surgissaient les crânes d'horribles monstres censés détourner l'eau de pluie afin de protéger la pierre poreuse. Je découvris à ma grande stupéfaction qu'en plus de la tour visible sur le *Saint Christophe,* on avait commencé à en construire une deuxième qui était encore inachevée. Elle devait sans doute marquer le coin méridional de la façade.

La ville manquait-elle d'argent ?

Bien qu'il fût encore assez tôt, le sacristain avait déjà ouvert l'immense portail de l'église, et j'entendis des voix chanter... *Mais dans ma souffrance j'ai crié vers toi. J'espère en toi, Seigneur.* Je m'arrêtai un instant pour les écouter. Tout à coup, il me sembla reconnaître cette mélodie. Le chœur entonnait en effet l'un des quatre morceaux de maître Josquin enregistrés sur ma cassette. J'étais incapable de savoir si ce que j'entendais venait vraiment de la cathédrale ou si c'était l'enregistrement que mon appareil repassait inlassablement dans ma chambre. Mais cela n'avait au fond aucune importance.

Nous étions presque arrivés à l'autre bout de la façade quand j'entendis un léger cri.

– Espèce de sale type, laisse-moi tranquille ! s'écria une voix furieuse.

Et une jeune fille surgit de la cathédrale ; elle trébucha, fit tomber son panier rempli jusqu'au bord et s'enfuit.

Je la reconnus seulement après coup : c'était Brigitte, la fille aînée de maître Joachim.

– Mais je ne te veux pas de mal ! s'écria quelqu'un.

C'était encore Willem. Je n'avais qu'un pas à faire pour me retrouver face à face avec lui. C'était la première fois que je le voyais de si près ; je reconnus sa lèvre fendue et son œil torve qui fichait le camp dans un coin tandis que l'autre devait faire le travail pour deux et me fixait avec insistance.

– Hé, j'ai l'impression de te connaître, toi ?

Je ne répondis pas. Il resta encore un bon moment à me dévisager puis se détourna en haussant les épaules pour retourner dans l'église. Là, il disparut dans la pénombre de l'énorme nef.

C'est seulement après coup que je sentis mon cœur battre la chamade et mes mains trembler. Ne voyant plus Jan, je me retournai : il avait disparu et la ruelle derrière moi était vide.

Il ne me restait plus qu'à ramasser les affaires de Brigitte. Je les remis dans le panier en espérant que Jan allait revenir. Mais en vain. Au bout d'un moment, je décidai de ne plus attendre. Je demandai à une vieille femme comment me rendre à la maison de maître Joachim et elle me renseigna avec force détails.

Tout en essayant de suivre ses indications, je me demandais ce qui avait pu inciter le fils du meunier à me fausser compagnie. Apparemment, il avait eu peur de ce Willem. Je reconnaissais que cet homme n'avait pas l'air rassurant avec son bec-de-lièvre et son œil torve, son épaule trop haute et sa voix rauque semblable à l'aboiement d'un chien de garde. Mais ce n'était pas une raison pour s'enfuir. Repensant aux remarques du meunier, je me dis que cet homme, comme tous ceux qui voulaient se rendre à la ville en longeant le fleuve, avait traversé la cour du moulin. Qu'avait-il pu dire pour effrayer Jan de la sorte ? Et puis, pourquoi faisait-il des messes basses avec les moines ? Et surtout, où était le cadavre ?

Je traversai la ville sans me soucier de l'étonnement de certains passants. Il est vrai qu'ils ne voyaient pas tous les jours un jeune homme portant le panier d'une jeune fille où s'entassaient pêle-mêle des fuseaux à dentelle, quelques salades, une étoffe à franges d'un jaune éclatant et une bouteille de vin. J'arrivai au port, mais je ne prêtai aucune attention aux bateaux amarrés ni aux légers nuages que le vent poussait comme des petits voiliers. Pourtant, j'avais toujours eu une fascination pour les ports.

J'avais hâte d'arriver à la maison de maître Joachim. J'espérais en effet y trouver les réponses à mes questions, y retrouver Jan et, peut-être aussi, Brigitte.

Troisième partie

Maître Joachim

I

La maison de maître Joachim ne se distinguait en rien des autres maisons de la ville. Elle avait une façade à redents qui faisait penser à des escaliers, comportait trois étages et était faite de gros blocs de grès. Elle était située à proximité du port, dans une ruelle relativement calme, sans taverne ni boutique susceptibles d'attirer du monde.

J'hésitai un instant avant de soulever le gros heurtoir, puis je le laissai retomber afin de m'annoncer.

Au bout d'un moment, j'entendis quelqu'un approcher en traînant les pieds. Une lourde clé tourna dans la serrure et un levier se souleva. L'un des panneaux en bois de la porte s'ouvrit en grinçant. Une vieille servante aux cheveux gris se tenait devant moi.

– Qu'y a-t-il ?

– J'aimerais...

Mais, avant même que j'aie pu continuer ma phrase si soigneusement préparée, elle avait saisi l'anse du panier.

– Donne-moi ça ! C'est le panier de mademoiselle Brigitte.

Mais je ne lâchai pas prise.

– J'aurais bien aimé le lui remettre moi-même !

– Hum, ça ferait bien ton affaire !

Elle tira de toutes ses forces, mais je ne cédai pas et m'agrippai à l'anse. Elle se mit alors à rouspéter :

– Espèce de voyou ! Canaille ! Il a fallu que tu effraies cette pauvre enfant, et tout ça pour venir réclamer ensuite une récompense. Si tu ne lâches pas ça, je vais chercher la police ! Lâche, mais lâche donc !

A ce moment-là, quelqu'un descendit l'escalier à grand bruit, et une voix d'homme s'écria :

– Qu'est-ce qui se passe, Martha ? Tu as besoin d'aide ?

– Ah, maître, s'écria la servante, c'est un individu qui a tellement fait peur à cette pauvre Brigitte au moment où elle sortait de l'église qu'elle en a laissé tomber son panier et s'est précipitée en larmes à la maison. Et le voilà maintenant qui a le toupet de rapporter le panier en prétendant l'avoir trouvé alors qu'il ne cherche qu'à empocher un pourboire.

– C'est faux ! m'écriai-je.

Au même instant, une main vigoureuse poussa la servante sur le côté et un homme surgit de l'obscurité du couloir. C'était maître Joachim en personne.

Je le reconnus immédiatement et n'eus aucun doute sur son identité car il ressemblait exactement au portrait que j'avais vu dans mon livre. Il n'était pas très grand, plutôt fluet ; il avait les épaules très tombantes et sa blouse maculée de taches de peinture tombait en larges plis. Sur ses cheveux cendrés, bouclés et mi-longs, était posé un beau béret en velours. Ses yeux très écartés me scrutaient d'un air froid.

– Qu'est-ce qui est faux ? me demanda-t-il.

– Ce que cette femme vient de dire ! m'écriai-je, indigné. Il s'agit d'une méprise. C'est quelqu'un d'autre qui a effrayé votre fille, pas moi. Et quand elle s'est enfuie en laissant tomber son panier devant moi, j'ai tout ramassé et rapporté ici.

– Et qui t'a dit où tu devais rapporter ce panier ? s'enquit maître Joachim.

Mais il était déjà évident que je n'avais plus rien à craindre car ses lèvres esquissèrent un sourire.

– C-c-c'est Jan qui me l'a dit, le fils du meunier, bredouillai-je d'un air gêné. Il m'a dit que cette jeune fille s'appelait Brigitte et qu'elle était la fille de maître Joachim Patinir, le peintre.

– Quel Jan ? Il y a beaucoup de gens qui s'appellent Jan dans cette ville, et il y a aussi beaucoup de meuniers qui ont des fils.

– Jan, votre valet.

Alors maître Joachim se retourna et donna ordre à la servante qui attendait derrière lui de faire venir Brigitte et Jan pour qu'ils puissent confirmer mes dires.

Brigitte se trouvait aux cuisines. Elle était encore en train de se sécher les mains quand elle nous rejoignit. Une odeur d'oignons et la rougeur de son visage révélaient qu'elle avait dû travailler aux fourneaux.

– Vous m'avez appelée, père ? dit-elle.

Elle me regarda et je me rendis compte aussitôt qu'elle se souvenait de notre rencontre.

– Connais-tu ce jeune homme ?

– Il était au marché avec Jan, dit-elle sans me quitter des yeux.

– A-t-il quelque chose à voir avec l'individu qui t'a fait peur devant l'église ?

– Certainement pas ! Il est passé quand j'ai fait tomber mon panier, et le voilà qui me le rapporte.

La servante se mit alors à brailler :

– Pourquoi prenez-vous sa défense, mademoiselle Brigitte ? Avouez que c'est l'individu qui vous a importunée !

– Ah, Martha, tais-toi ! Je le sais quand même mieux que toi !

Il y avait une pointe d'agacement dans sa voix.

– Tu n'étais même pas avec moi !

– Mais où est donc Jan ? Tu ne lui as pas dit de venir ? demanda maître Joachim à Martha.

– Si, si, il arrive tout de suite. Il était en train de faire du rangement pour la réunion de travail, expliqua la vieille.

– Et que font Lucas, Guy et Jacques ? Ils ne l'aident pas ?

– Si, si, mais vous connaissez Jan. Personne ne fait les choses assez bien à son goût. Il faut qu'il repasse derrière eux.

Tandis qu'elle prononçait ces mots, une porte s'ouvrit dans le fond et Jan apparut. Il avait l'air pâle et semblait avoir peur. Son regard m'effleura sans manifester la moindre connivence.

– Vous m'avez demandé, maître ?

– Peux-tu confirmer que ce garçon était avec toi quand Brigitte a été importunée par un homme ?

– Oui, dit Jan. C'est lui qui l'a fait fuir.

– Et pourquoi pas toi ?

– J'ai poursuivi l'individu un moment, mais il m'a échappé.

Maître Joachim se tourna alors vers moi et me dit :

– Eh bien, mon garçon, nous te devons vraiment une fière chandelle. Quel est ton nom ?

– Peter Stensbeck, dis-je.

Et, profitant du léger avantage que m'avait fourni le fils du meunier, je poursuivis :

– J'ai prié votre valet de m'emmener avec lui parce que je voulais vous demander si vous avez besoin d'un apprenti.

– Tiens tiens ! dit maître Joachim, et un grand sourire illumina tout son visage, creusant des petites rides autour de ses yeux. Tu voudrais apprendre le métier de peintre ? Bon, eh bien entre donc et laissons Brigitte et la vieille Martha retourner à la cuisine, sinon le déjeuner va brûler et nous n'aimons pas ça !

– Je serais très reconnaissante à ce jeune homme de me rendre mon panier, dit Brigitte, et il était impossible de ne pas sentir toute l'ironie contenue dans sa voix.

Je sentis le sang me monter au visage et me hâtai de lui tendre le panier.

– Merci beaucoup.

Elle le prit, me fit une révérence, tourna sur ses talons et se sauva. La vieille Martha la suivit en secouant la tête.

A ce moment, maître Joachim se retourna et leur cria :

– J'ai rencontré Quentin tout à l'heure, et je l'ai invité à déjeuner. Mettez un couvert de plus !

Et j'entendis sa fille s'écrier gaiement après avoir claqué la porte derrière elle :

– Tu as entendu, Anna ? L'ami Quentin vient déjeuner !

– Et qu'allons-nous faire de toi ? me demanda maître Joachim quand la maison eut retrouvé son calme.

Je ne répondis pas. Jan regardait dans le vide et ne disait rien non plus. Maître Joachim réfléchit puis, reprenant le fil de la conversation :

– Tu voudrais donc être peintre... il fit une pause, semblant chercher ses mots. Quel est ton nom – ah oui – Pieter. C'est ça ?

Je fis signe que oui.

– Bon. Eh bien je propose que Jan te montre l'atelier et que tu assistes à la réunion de travail. Ensuite tu pourras déjeuner avec nous. C'est le minimum que je puisse faire pour te remercier d'avoir secouru Brigitte. Nous parlerons du reste plus tard.

Jan, qui avait entendu ces propos, tourna les talons et se dirigea vers la porte par laquelle il était arrivé sans vérifier que je le suivais. Quant à maître Joachim, il retourna à l'étage supérieur.

II

L'atelier était une grande pièce qui occupait manifestement tout l'arrière de la maison. Quatre fenêtres éclairaient une longue table de travail. Au milieu de cet espace, des tableaux étaient posés sur des chevalets. Aux murs étaient accrochées des étagères surchargées de flacons et de creusets. Près de la porte par laquelle nous étions entrés, il y en avait une autre menant à un petit réduit. J'en vis une troisième sur une galerie à laquelle on accédait par un étroit escalier. Quand Jan et moi entrâmes dans l'atelier, nous y trouvâmes trois compagnons : deux garçons d'environ quinze ans et un homme qui devait être plus âgé que Jan.

Sur une chaise était posée une étoffe au drapé recherché que les deux garçons essayaient de dessiner. Jan me les présenta : c'étaient les apprentis Jacques et Guy. L'homme s'appelait Lucas et était valet comme lui.

– Le maître va bientôt arriver, dit-il. Vous êtes prêts ?

– Ne pose pas de questions stupides, répondit Guy. Parfois tu fais l'important comme si c'était toi le premier valet, et non Lucas.

Jan fit mine de ne pas remarquer l'insolence du compagnon. Il m'expliqua diverses choses, me montra les tableaux sur les chevalets et termina par la petite pièce. Des panneaux de bois étaient adossés aux murs.

– Tous ces tableaux sont terminés ? demandai-je.

– Non, non, m'expliqua-t-il. Ce sont seulement des panneaux apprêtés et des cadres. Dans les boîtes que tu vois sur la table, il y a des pierres qui seront broyées pour les couleurs, et là, tu as les pinceaux et d'autres instruments.

Il parlait d'une voix indifférente et lasse.

– Dis donc, commençai-je, jugeant l'occasion propice. Qu'est-ce que tu as ? Tu es malade ? Ou bien ai-je dit quelque chose qui ne t'a pas plu ?

Pourtant, je n'avais rien à me reprocher.

– Ah, laisse-moi tranquille, grogna-t-il furieux. Je n'aime pas qu'on me pose trop de questions.

Quand nous revînmes dans l'atelier, maître Joachim était déjà arrivé. Il se tenait devant la table de travail et donnait son avis sur les dessins que ses élèves lui présentaient, faisant ici un compliment, là une critique. Il prit un crayon pour corriger un détail et conseilla à ses apprentis de travailler avec application et de dessiner tout ce qui leur plaisait ; sans cela ils ne pourraient jamais réussir à devenir peintres.

– Si vous voulez devenir membre d'une guilde, vous devez avoir réalisé quelques ouvrages importants. Ce peut être une Vierge ou une Crucifixion. Vous pouvez aussi peindre une statuette de bois qu'il faudra ensuite poser sur un socle, dorer et glacer. En plus, on voudra peut-être voir des dessins à la pointe d'argent, des gravures sur cuivre, des eaux-fortes ou une preuve de votre savoir-faire en matière de fresque. Votre travail sera sévèrement jugé. Seuls les meilleurs obtiendront le titre de maître. Peindre, c'est vivre, voir, créer des tableaux qui vont au-delà des apparences. Celui qui regarde un portrait ne doit pas avoir seulement devant lui l'image d'un être, il doit pouvoir connaître aussi son caractère. Selon le sujet du tableau, il doit pouvoir se réjouir ou être triste, avoir peur ou souffrir. Non seulement il faut que son œil puisse errer sans contraintes dans l'harmonie du tout, mais il faut aussi susciter en lui le désir de prier ou de faire pénitence. Un bon peintre doit être en mesure de peindre la Vierge Marie de telle sorte qu'un incroyant éprouve le besoin de se mettre à genoux devant elle.

Les deux apprentis écoutaient attentivement le maître, mais j'avais l'impression qu'ils ne comprenaient pas grand-chose à ce qu'il essayait de leur faire entendre.

Pendant qu'il parlait, maître Joachim continuait à corriger les travaux de ses élèves, accentuant une ombre par-ci, modifiant une ligne par-là et, ce faisant, il comparait toujours le dessin avec la draperie posée sur la chaise. Les deux garçons se tenaient derrière lui et observaient ce qu'il faisait tandis que Jan, Lucas et moi-même étions placés sur le côté.

Jan prit soudain la parole :

– Puis-je poser une question ?

– Bien sûr. Tu sais que j'aime les questions, quel que soit celui qui les pose, valet ou apprenti. Les questions montrent que l'on s'intéresse aux choses.

– Quand je regarde les tableaux qui ont été peints à l'époque de nos grands-parents et arrière-grands-parents, je suis frappé de voir que les personnages occupent presque tout le tableau. On y voit rarement un bout de paysage et, si c'est le cas, c'est uniquement à travers une fenêtre minuscule ou un trou dans le mur. Vos paysages vont au contraire presque toujours jusqu'au bord du tableau et les personnages y sont souvent si petits qu'il faut vraiment les chercher. La profondeur et l'ampleur de ces paysages suscitent chez le spectateur une sorte de nostalgie des horizons lointains, et peut-être aussi le désir de voyager. Vos commanditaires autorisent-ils pareille chose ?

Il avait ainsi exprimé ce que j'avais moi-même éprouvé quand j'avais découvert ces paysages pour la première fois.

Maître Joachim se mit à rire.

– Les temps ont changé, vois-tu, expliqua-t-il. Il y a plus de deux siècles, un peintre peignait presque toujours la Vierge sur un panneau doré. Pourtant, le monde n'est pas constitué uniquement de ce genre d'accessoires. Quand les artistes s'en sont rendu compte, ils ont commencé à placer leurs personnages dans des pièces. Mais une pièce sans fenêtre ne ressemble-t-elle pas à un cachot dans une forteresse ? Ils se mirent donc à peindre des ouvertures à travers lesquelles on pouvait d'abord voir le ciel, puis un peu de paysage. On avait l'impression que les saints descendaient sur terre et se mettaient à vivre parmi nous. Depuis, vous avez certainement appris que de courageux capitaines à la recherche d'une voie maritime vers les Indes et vers la Chine, tant prisée par Marco Polo, ont découvert beaucoup de pays nouveaux. A leur retour, ils ont raconté que la terre était infiniment plus grande que nous ne l'imaginions. C'est cela que j'essaie de rendre dans mes tableaux. Le paysage, c'est le monde tel que Dieu l'a créé. Et l'homme, même s'il est un saint, n'est qu'une infime partie de ce monde. Pour celui qui regarde un tableau, un petit personnage est plus apte qu'un grand personnage à évoquer l'immensité de la création. Ai-je bien répondu à ta question ?

Jan fit un signe de tête affirmatif.

– Est-ce aussi la raison pour laquelle vous préférez le format large au format en hauteur ?

– Exactement. Je ne veux pas que le regard pénètre uniquement dans la profondeur ; il faut qu'il puisse s'étaler dans la largeur et que, grâce à la représentation d'arbres élevés et de falaises, il s'oriente vers le ciel.

Ce fut au tour de Jacques d'intervenir dans la conversation :

– C'est donc grâce aux grandes découvertes que les fleuves de vos tableaux se jettent presque toujours dans la mer et que l'on voit souvent des villes et de grands ports sur leurs rives ?

– ... Et plus loin un océan, poursuivit maître Joachim. L'océan est le symbole de l'immensité et de la toute-puissance de Dieu. Car celui qui essaie de traverser un océan se remet entre les mains de Dieu. Tous les marins te le diront.

Il se tut.

– Oui, mais..., recommença Jan. Parfois vos paysages sont sinistres et menaçants. Des orages grondent et des éclairs zèbrent le ciel au-dessus des montagnes. Dans d'autres tableaux, le ciel est bleu et serein, des oiseaux gazouillent dans les branches et il y a des fleurs au premier plan.

– Tout dépend du sujet du tableau.

Maître Joachim s'avança vers un chevalet.

– Le paysage dans lequel vit saint Jérôme est le désert. Il est forcément différent du paysage où des femmes essaient de séduire saint Antoine ou de celui où Marie fait une halte pendant la fuite en Egypte.

Tout en parlant, il passait d'un chevalet à l'autre et expliquait les tableaux dont la plupart attendaient d'être achevés.

– Mais les personnages de saint Antoine et des femmes, lança Guy, c'est maître Quentin qui les a peints, et pas vous ? Vous n'avez peint que le paysage ?

Le visage de maître Joachim s'assombrit un instant.

– L'essentiel, c'est le résultat, dit-il à voix basse. Même si plusieurs peintres peignent ensemble un tableau et qu'aucun ne peut en revendiquer la gloire pour lui seul.

– C'est donc aussi la raison pour laquelle vous acceptez souvent des commandes d'autres peintres, comme récemment celle de maître Joos du comté de Clève qui vous a demandé de ne peindre que l'arrière-plan d'un tableau parce que vous savez mieux le faire que lui. Lui, en revanche, a peint les personnages et il récolte maintenant toute la gloire, dit Lucas en passant ses deux mains dans ses cheveux noirs.

Pendant ce temps, maître Joachim était retourné à la table et se tenait le dos à la lumière.

– C'est ainsi, dit-il sèchement.

Il semblait qu'il voulût mettre un terme à la conversation mais il ajouta :

– Je dois vous dire encore une chose, Guy et Jacques. Vous avez bientôt terminé votre apprentissage, vous allez partir en voyage. Il se peut que votre chemin vous mène par-delà les Alpes jusqu'à Rome. Si c'est le cas, ne vous contentez pas d'étudier les œuvres des peintres qui vivent là-bas. Intéressez-vous aussi aux statues des dieux romains, à la lumière et aux paysages du Sud ainsi qu'aux proportions si harmonieuses des temples anciens. Maître Albrecht de Nuremberg, qui était ici l'an passé, a franchi deux fois les Alpes pour admirer les tableaux des maîtres italiens, copier tel ou tel dessin et étudier en détail les proportions de l'être humain ainsi que les lois de la perspective.

– Etes-vous allé en Italie, vous aussi ? lui demandai-je.

– Non. Mon maître, Jérôme Bosch, est mort il y a six ans.

– Le peintre diabolique ? dis-je sans réfléchir.

– Exactement, dit maître Joachim. Il a été un très bon maître pour moi. Personne ne connaissait l'enfer aussi bien que lui. J'ai toujours eu l'impression qu'il y avait séjourné de son vivant tant il en savait long sur la question. Beaucoup de peintres se sont orientés d'après sa description.

Tout en parlant, il saisit un flacon et le leva à la lumière.

– Mais maître Jérôme n'a pas été mon seul maître car on peut apprendre aussi tout seul, on n'a pas forcément besoin d'avoir travaillé dans un atelier. Pour savoir comment s'y prendre, il faut aussi étudier les tableaux et les copier.

– Et qui d'autre vous a servi d'exemple en dehors de Jérôme Bosch ?

– Maître Quentin Massys par exemple, ou maître Albrecht de Nuremberg. Il est le meilleur de ce côté des Alpes. Ah, au fait, Jan, s'interrompit-il, sors-moi s'il te plaît le dessin de maître Albrecht ! Tu sais, celui avec les quatre saint Christophe. Il y a deux jours, quelqu'un est venu ici pour les voir.

Jan sursauta comme si maître Joachim l'avait frappé en plein visage.

– Le des-dessin, bégaya-t-il d'un air gêné. Je ne sais pas où il est. Vous ne l'avez pas utilisé dernièrement, là-haut dans votre pièce ?

– C'est vrai, mais il y a longemps que je l'ai redescendu. Il doit être dans l'un des cartons. Cherche-le, je te prie, et pose-le sur la table pour que je le trouve quand cet homme reviendra !

De la ruelle, le bruit des roues parvenait jusque dans l'atelier, et la lumière entrait par les fenêtres selon un angle de plus en plus resserré. Très lentement, elle passa du mur du fond sur les chevalets puis sur la table de travail. Des millions de minuscules particules de poussière dansaient dans ses rayons, montant et descendant, tourbillonnant sur elles-mêmes jusqu'au moment où elles se posaient sur les tableaux, les pots de peinture, la table et le sol.

– Jan, dit le peintre, pourrais-tu finir de me vernir un tableau avant ce soir ? Lucas veut rentrer chez lui pour la fin de la semaine et les garçons voudraient aller au port pour voir les navires accidentés. Je sais bien qu'on est samedi, mais c'est urgent.

– Bien sûr, maître, répondit Jan. Dois-je aussi vernir le tableau que vous avez peint en haut ? Vous avez dit récemment que vous l'aviez terminé.

– Non, non, laisse ! Je le ferai moi-même.

Il le dit de façon si précipitée que je ne pus m'empêcher de penser qu'il ne voulait montrer ce tableau à personne.

A cet instant, les cloches de midi se mirent à sonner. Leur écho s'engouffra dans les étroites ruelles en s'amplifiant. Il devint impossible de poursuivre la conversation car on ne s'entendait plus.

Les deux apprentis profitèrent aussitôt de l'occasion pour se débarrasser de leur blouse ; Lucas alla porter quelques récipients dans le petit réduit et maître Joachim monta l'escalier menant à la galerie. Là, il ouvrit avec sa clé l'étroite porte de son mystérieux atelier.

Jan ouvrit la fenêtre. C'est alors que je fus frappé par l'odeur de vernis et de peinture qui imprégnait la pièce. Les fenêtres donnaient sur une petite arrière-cour où fleurissait un tilleul. Des oiseaux y chantaient. Dès que les cloches se turent, il me sembla entendre les merles siffler quelque chose comme :

... Mais il ne fait pas comme les autres oiseaux
qui s'en vont quand ils ont un peu chanté
et poursuivent leur chant à un autre endroit.

Je me retournai pour voir si les autres entendaient la même chose que moi mais, apparemment, ils ne percevaient que le gazouillement des oiseaux, et rien d'autre.

– Il est midi, dit quelqu'un derrière moi. Le déjeuner est servi. Où est père ?

C'était Brigitte qui était entrée subrepticement. Elle avait mis un tablier propre.

– Maître Joachim est en haut, lui répondit Jan.

Mais le peintre apparut sur la galerie. Il referma la porte de son atelier et mit la clé dans l'une des poches de sa blouse.

– Vous êtes prêts ? Quentin est déjà là ? demanda-t-il.

– Il est en train de parler avec mère.

– Alors allons-y. Nous avons tous faim et nous sommes bien contents de passer à table.

III

La salle à manger des Patinir était située à côté de la cuisine. En dehors de la longue table, il n'y avait qu'un poêle encastré dans le mur.

Sans compter la servante, nous étions dix à table. Maître Joachim prit place en bout de table, sa femme Johanna en face de lui. Elle allait bientôt accoucher de son premier enfant. Au contraire de ses belles-filles, Brigitte et Anna, elle avait un visage de la pâleur d'une madone, de grands yeux noirs et des cheveux châtain clair. De légères ombres sous ses paupières indiquaient qu'elle était éprouvée par sa grossesse. Elle parla peu au cours du repas, mais je remarquai qu'elle suivait la conversation entre son mari et Quentin Massys avec beaucoup d'intérêt. De temps à autre, elle disait un mot et l'une des jeunes filles se levait aussitôt pour aller aider Martha ; à plusieurs reprises, elle demanda à son mari, à son invité et à moi-même, si nous avions besoin de quelque chose.

D'un geste de la main, maître Joachim avait invité Quentin Massys à prendre place à sa droite. Il me fit asseoir à sa gauche. Jan était à côté de moi, Lucas en face de lui, Guy à côté de Lucas et Jacques près de Jan. Anna et Brigitte étaient à droite et à gauche de leur belle-mère,

Anna de mon côté, Brigitte de biais par rapport à moi. Martha, la servante, ne s'assit pas à table.

Devant chacun, il y avait une petite écuelle en terre, un couteau et une cuillère en bois posés à côté. Derrière l'écuelle, un gobelet en terre.

Avant que Martha n'apportât le premier plat, maître Joachim nous fit signe de nous lever.

– Comme mon ami Quentin Massys nous fait l'honneur de déjeuner avec nous aujourd'hui, je voudrais vous réciter une prière que je tiens d'Albrecht Dürer !

Il fit une petite pause et poursuivit :

Oh, salut, Jésus de la Croix !
Celui qui ne croit pas en toi ne trouve pas la paix !
Je te prie de m'assister en tout temps
contre le monde, la chair et le diable,
secours-moi dans ma dernière heure,
et que la mort m'emporte !
Amen.

Nous répétâmes tous « Amen ! » en faisant le signe de croix. Puis la voix de Mme Johanna s'éleva à son tour :

Deux choses, Seigneur, sont nécessaires,
accorde-les-nous selon ta grâce :
donne-nous notre pain quotidien,
et pardonne nos péchés !

Tous dirent « Amen » et se signèrent une deuxième fois. Puis nous nous rassîmes tandis que Martha posait la soupière sur le table. Elle alla chercher deux cruches et nous servit à boire. Maître Joachim et son invité buvaient du vin, tous les autres de l'eau.

Pendant ce temps, j'eus tout loisir d'examiner maître Quentin. Il devait avoir une soixantaine d'années. J'avais appris dans mes livres qu'il était devenu maître de la guilde de Saint-Luc en 1491 et qu'il était célèbre bien au-delà des frontières des Pays-Bas depuis sa réalisation du retable de Sainte-Anne pour l'église de Louvain et de celui de Saint-Jean pour la cathédrale d'Anvers. C'était un homme grand et bien en chair. Ses larges mains pataudes semblaient habituées aux durs travaux. Son nez était légèrement épaté. Il avait de grandes poches sous ses petits yeux, et son regard humide, où brillait une lueur de malice, prouvait qu'il ne refusait jamais une bonne rasade. Sa voix tonitruante n'était pourtant jamais dénuée de cordialité. Maître Joachim le traitait avec le respect et l'affection que l'on éprouve pour un ami très cher et il était manifeste que Quentin Massys était la première personne à laquelle il s'adressait quand il avait besoin d'un conseil.

Pendant ce temps, Mme Johanna avait rempli les petites écuelles. Une délicieuse odeur de soupe de poisson me fit monter l'eau à la bouche et je fus soulagé quand, sur un signe du maître de maison, tous se mirent à manger.

– Comment vont madame Katharina et les enfants ? demanda maître Joachim à son hôte.

– Dieu merci, ils vont bien, répondit Quentin Massys. Cornelius et Jan travaillent déjà à l'atelier et, si je ne me trompe, ils pourraient devenir un jour des peintres tout à fait valables.

Ils continuèrent à manger sans rien dire. Après la soupe de poisson, il y eut des tripes bouillies avec des haricots et je dus faire un énorme effort sur moi-même pour avaler la première bouchée. Mais, comme ce plat avait été bien relevé avec du poivre et différentes autres épices, je le trouvai finalement tout à fait délicieux.

Maître Quentin relança alors la conversation.

– Puisque vous avez parlé de Dürer tout à l'heure, il me revient à l'esprit que je voulais vous demander si vous avez, vous aussi, reçu la visite de cet homme de Tournai qui parcourt la ville à la recherche d'œuvres d'art à acheter ?

– Vous voulez parler de M. Michel Van Wulfen ?

– Michel Van Wulfen, c'est cela. C'est en tout cas le nom qu'il a donné à Tommaso Bombelli, le marchand de soie. Quant à savoir si ce nom est exact, c'est une autre affaire.

Quentin Massys souffla dans son écuelle parce qu'il avait peur de se brûler.

– Personne ne sait pour le compte de qui il négocie. Depuis quelques jours, il demande à tous ceux qui sont entrés en contact avec maître Albrecht s'ils ne posséderaient pas quelque dessin de sa main et s'ils ne seraient pas prêts à le lui vendre.

– Est-ce tout ce que vous savez sur lui ?

– Vous en savez donc davantage ?

Maître Joachim lança un bref regard à sa femme ; elle répondit par un signe de tête, comme si elle l'autorisait à parler.

– Comme il avait du mal à dissimuler un accent bien français, je lui ai dit carrément que je savais qu'il était français et que je me demandais même s'il n'était pas un espion. Il a manifestement eu très peur et m'a montré une lettre de créance établissant qu'il était bien français...

– C'était donc bien ça, murmura Quentin Massys en laissant Martha lui servir de la terrine de légumes.

– Dans cette lettre, un certain comte Louis-Philippe de la Roche-Guyon, résidant au château de Kerjean, quelque part en Bretagne, atteste la mission de son mandataire Michel Leloup – qui se fait appeler chez nous Michel Van Wulfen. En son nom, celui-ci doit essayer d'acheter toutes les œuvres d'Albrecht Dürer qu'il peut trouver, quel qu'en soit le prix. Arguant des difficultés actuelles entre la France et les Pays-Bas, le commanditaire réclame la plus grande discrétion. Mais il assure également qu'il a une profonde admiration pour le maître de Nuremberg et qu'il désire posséder le plus grand nombre possible de ses œuvres. La raison d'être de cette lettre est de légitimer M. Leloup au cas où on le soupçonnerait d'espionnage et de le laver de tout soupçon s'il était arrêté.

Maître Joachim fit une pause pour laisser Quentin Massys se remettre de ses émotions.

– Cette lettre ne lui sera pas d'une grande utilité, conclut-il. Qui connaît ici un comte de la Roche-Guyon de Kerjean ? N'importe qui pourrait se faire passer pour tel. Savez-vous chez qui il est allé ?

– Chez Rodrigo Fernandez d'Almada, le négociant portugais de la rue Neuve, chez le marchand Francesco Pesao qui a acheté une petite tête de sainte Véronique, et même chez le greffier de la ville, Pieter Gilles.

– Qu'est-ce qu'il attendait donc de Gilles ?

– Comme vous le savez sans doute, Gilles est un ami d'Erasme de Rotterdam. Dürer a fait plusieurs dessins d'Erasme auquel il a offert un certain nombre de gravures sur cuivre. Ce Van Wulfen, Leloup, ou ce que vous voudrez, a essayé de convaincre maître Gilles de lui vendre quelque chose.

– Bien que ces œuvres ne lui appartiennent pas ?

– Le greffier l'a évidemment envoyé au diable. En outre, Erasme de Rotterdam est allé s'installer à Bâle l'an passé et s'est fait tout envoyer depuis longtemps, répondit Quentin Massys en continuant à mastiquer.

Il essaya de faire sa révérence à la femme de Patinir, mais la position assise et son embonpoint ne lui facilitaient pas la tâche.

– Mes compliments pour vos talents de cuisinière, madame Johanna. Ces terrines sont délicieuses.

A cet instant seulement, je me rendis compte que Jan s'était arrêté de manger. Pourtant, son assiette était encore à moitié pleine. Il regardait dans le vide et son visage avait une expression que je lui avais déjà vue à plusieurs reprises. C'était un mélange de curiosité et de crainte, et j'avais l'impression qu'il en savait plus sur cette affaire qu'il ne voulait le dire. Je me souvins qu'il avait réagi de la sorte lors des rencontres avec Willem et la première fois qu'il avait été question d'un homme voulant acheter des œuvres d'Albrecht Dürer. Mais je ne voyais pas le lien entre ces événements.

Brigitte suivait elle aussi la conversation avec intérêt. Plusieurs fois, elle ouvrit la bouche comme si elle voulait dire quelque chose, mais elle se ravisa et resta muette. Apparemment, elle n'osait pas intervenir. Sa sœur cadette, qui lui ressemblait beaucoup, parlait à voix basse avec Mme Johanna.

– ... voulait voir la feuille que maître Albrecht m'a offerte, celle avec les quatre saint Christophe. Mais je ne l'ai pas trouvée tout de suite, et j'étais pressée parce que le tocsin venait de sonner. Vous savez qu'un incendie dans une ville comme celle-ci est une véritable catastrophe. Aussi ai-je renvoyé M. Van Wulfen à plus tard.

– Et puis ?

– Il ne s'est pas présenté jusqu'à maintenant.

– Voulez-vous encore un peu de vin, père ?

Brigitte se tenait derrière sa chaise, la cruche à la main. Il fit un signe affirmatif, et elle le servit.

– Vous aussi, Quentin ?

– Inutile de me le demander. Tu connais ma devise : « Il n'est trésor que de vivre à son aise ».

Il se renversa sur sa chaise, éclata d'un rire sonore et tapa si fort sur la table que le vin déborda des gobelets. Nous nous mîmes tous à rire, sauf Mme Johanna qui secouait la tête d'un air désapprobateur avec un regard inquiet pour la petite Anna.

– N'allez surtout pas tenir de tels propos aux agents de l'empereur, s'écria maître Joachim. Ni aux calotins. Ce Villon était un gibier de potence. Ses vers sont remplis de calomnies envers les autorités, et les ecclésiastiques ne s'en tirent d'ailleurs pas à meilleur compte. En plus, il était français. Tant que Charles sera brouillé avec le roi de France, il est sage...

– Je sais, je sais, l'interrompit Quentin Massys joyeusement.

Il tira un mouchoir de sa poche pour s'essuyer la bouche.

– Mais j'aime les chansons de frère François, que voulez-vous ! Vous n'allez certainement pas me dénoncer !

IV

Pendant ce temps, Brigitte avait rempli mon verre de vin sans me le demander. Elle s'était penchée pour saisir mon gobelet, et j'aperçus alors le léger duvet recouvrant son bras tandis qu'une délicieuse odeur de lavande et de lin frais m'emplissait les narines.

Bientôt, j'eus du mal à suivre la conversation. J'ignorais si c'était l'effet du vin ou la présence de Brigitte. Je me souviens seulement que la servante apporta du fromage et du pain pour terminer le repas, et que Quentin Massys parlait avec maître Joachim de nouvelles commandes. Il était question des fonds de certains tableaux.

– Pourquoi voulez-vous mon aide ? demanda maître Joachim.

– Parce que personne ne sait peindre d'aussi beaux paysages que vous, répondit Quentin Massys. Beaucoup de peintres le reconnaissent. Joost et Isenbrandt, par exemple.

– Mais à part vous, personne ne l'avoue, soupira maître Joachim.

– Avouez-vous sans peine que vos madones ressemblent à celles de Joost, ou que je vous donne parfois un coup de main ?

– En ce qui concerne le saint Antoine, je le ferai.

– Oui, mais juste pour celui-ci. Pas pour les autres.

Maître Quentin leva son gobelet et le but d'un trait. Son nez devenait de plus en plus rouge.

– Au fait, est-ce que Lucas Rem, le négociant d'Augsbourg, vous a aussi annoncé sa visite ?

– J'ai reçu une lettre, il y a quelques jours, me disant qu'il passera prochainement. C'est un bon client.

– Maître, l'interrompit la servante. Tout le monde a terminé.

Maître Joachim se leva, et tous l'imitèrent.

Seigneur, nous te remercions mille fois
pour ce que tu nous donnes,
pour le pain et le vin
qui nous réconfortent.
Nous te remercions pour chaque jour,
pour le soleil et la pluie,

pour la paix et pour une douce mort,
et pour ton aide dans le besoin.
Seigneur, donne-nous ta bénédiction !
Amen !

Nous répétâmes tous « Amen » et nous nous signâmes à nouveau. Je les imitai d'un air emprunté.

– Eh bien, madame Johanna, dit maître Quentin. Savez-vous déjà quel sera le nom de votre enfant ?

Son mari l'encouragea car elle hésitait à répondre :

– Allez, dis-le lui ! C'est notre ami.

– Si c'est un garçon, nous l'appellerons Quentin comme vous. Si c'est une fille, ce sera Petronella.

– Alors j'espère que ce sera un garçon ! s'écria Quentin Massys gaiement. Brigitte et Anna ne m'en voudront pas, j'espère ?

Mais les deux jeunes filles avaient déjà quitté la pièce pour aider Martha à la cuisine. Guy et Jacques partirent rapidement. Ils avaient leur samedi après-midi et maître Joachim les avait de toute façon autorisés à se rendre au port. Lucas prit congé lui aussi car il allait passer la fin de la semaine dans sa famille. Mme Johanna s'étant retirée, il ne restait donc plus, en dehors de Quentin Massys et de maître Joachim, que Jan et moi.

Il était clair que Jan voulait soulager sa conscience mais il ne put le faire car Joachim Patinir était allé chercher dans la cuisine un cruchon de terre et avait rempli deux cuillères en étain. A en juger par l'odeur, c'était une eau-de-vie. Maître Quentin vida la cuillère d'un trait, et l'effet ne tarda pas à se faire sentir.

– Vous savez, dit-il en rotant bruyamment, il m'est arrivé ce matin quelque chose d'assez drôle ! Enfin, on ne peut pas dire que c'était très drôle car, si tout cela est vrai, c'est une sale histoire.

Et il continua sans se soucier de l'intérêt des autres pour son récit.

– Je sors de l'église, où je ne vais que pour faire plaisir à ma femme, quand je croise une espèce de géant dont le visage était d'une laideur sans pareille. (Vous savez mon goût pour les visages hideux. Ils sont beaucoup plus faciles à dessiner que les beaux visages.) Donc, je n'ai pu m'empêcher de lui adresser la parole et de lui offrir un sou s'il voulait bien me laisser faire son portrait. Il a accepté et je l'ai emmené aussitôt chez moi. Pendant que je mettais tout le soin possible à dessiner son bec-de-lièvre et son œil torve, il m'a raconté qu'il travaillait comme valet dans un monastère situé en amont. Tous les samedis, il accompagne deux moines en ville. Ils vendent des indulgences et, avec l'argent gagné, ils achètent des vivres qu'ils emportent au couvent. Deux nuits auparavant, il n'avait pas beaucoup dormi et s'était levé particulièrement tôt pour aller pêcher un peu, car les poissons mordent surtout tôt le matin et tard le soir... Et il adore le poisson.

Pendant que Quentin Massys s'étendait en long et en large sur les poissons, leur préparation et leur goût, Jan dansait d'un pied sur l'autre. Il avait manifestement quelque chose sur le cœur dont il avait envie de se débarrasser. Maître Joachim écoutait son hôte d'un air distrait lui aussi. Cette histoire lui semblait sans doute trop longue et ennuyeuse.

– Donc, se tenant sur la rive, il jette sa ligne, et il s'aperçoit alors que le fleuve avait monté pendant la nuit. Il avait dû beaucoup pleuvoir en amont et le courant charriait des tas d'objets qui ont attiré son attention : des troncs pourris dont les branches se dressaient comme les bras de gens en détresse, une chaussure, un chien mort, et aussi un objet sombre de forme allongée...

Mais, à ce point de son récit, et au moment même où je dressais l'oreille, Joachim Patinir réussit à interrompre maître Quentin.

– Vous me raconterez la suite plus tard, dit-il, venez avec moi, je voudrais vous montrer quelque chose qui m'empêche de dormir !

– Doucement, doucement, grogna son ami. Je ne suis plus aussi jeune que vous.

Ils allaient quitter la pièce quand Jan tira son maître par la manche.

– Vous vouliez que je vernisse un tableau. Est-ce que Pieter peut m'aider ? Vous savez qu'il aimerait bien entrer en apprentissage chez vous. Comme ça, il pourra tout de suite voir si le travail lui plaît. Et pour moi, ce sera plus distrayant que si j'étais seul.

Nous n'étions convenus de rien, mais je ne demandais pas mieux. Maître Joachim se montra d'accord et je les suivis dans l'atelier.

Pendant que Quentin Massys gravissait l'escalier de la galerie derrière Joachim Patinir, Jan entama les préparatifs pour procéder au vernissage du tableau. Ne sachant comment l'aider, je le regardais faire.

V

Si j'ai tenté de reproduire avec le plus de précision possible les conversations qui ont eu lieu dans l'atelier et pendant le déjeuner, c'est qu'elles me semblaient d'une extrême importance pour comprendre le tableau. Je pensais que c'était le seul moyen d'élucider le mystère du cadavre.

Pendant ce temps, le soleil avait dépassé son zénith. L'atelier était plongé dans l'ombre et n'était éclairé que par la lumière venant de l'arrière-cour. Les merles ne chantaient plus et, en dehors des bruits que nous faisions nous-mêmes, on n'entendait que le murmure des voix de maître Joachim et de son ami à travers la porte de la galerie.

– Dis donc, dis-je, dès que je me fus assuré que nous étions vraiment seuls, le géant au bec-de-lièvre et à l'œil torve dont vient de parler maître Quentin, est-ce que ce n'était pas l'individu qui a tant effrayé Brigitte devant l'église ?

J'avais failli dire « Willem », mais je me souvins à temps qu'il était préférable de ne pas dire que je l'avais rencontré à l'ermitage de frère Jacques. Malheureusement, comme Jan s'était détourné après avoir dit : « C'est possible », je ne pus voir l'expression de son visage. Mais je ne lâchai pas prise.

– Tu le connais ?

– Peut-être que oui, peut-être que non.

Mais, se rendant compte lui-même de son ton grognon, il ajouta :

– Pour aller en ville, on est forcé de traverser la cour de notre moulin. Que veux-tu, on ne peut pas se souvenir de tout le monde...

Je décidai alors de ne pas insister car sa peur semblait encore plus grande que son besoin de se confier.

Je fis de mon mieux pour l'aider à préparer le panneau de bois. Nous devions lisser et poncer la couche de craie posée quelques jours auparavant, car sa surface était rugueuse et irrégulière.

– Il faut la travailler longtemps, m'expliqua Jan, jusqu'à ce qu'elle soit prête à recevoir l'ébauche.

Nous travaillâmes un moment sans parler. En fait, la plupart du temps, je ne faisais que regarder comment Jan procédait. De temps à autre, j'allais lui chercher un outil dans le réduit. Il m'en faisait une description précise et me disait exactement où je devais chercher. Il était très agile de ses mains et connaissait tous les gestes à faire pour réaliser ce travail. Il avait une façon très précautionneuse, presque tendre, de manier le tableau.

A un moment, je lui demandai s'il savait ce que maître Joachim était en train de peindre en haut. Mais il se contenta de secouer la tête.

– Non, dit-il, personne n'a le droit de voir ce que c'est, même pas Mme Johanna ni ses filles. J'ignore aussi ce qui l'a poussé à montrer le tableau à maître Quentin aujourd'hui.

Et il poursuivit son travail sans dire un mot.

Au bout d'un moment, ne supportant plus le silence, je lui demandai de m'expliquer quel était le bois de ce tableau et ce qui se passait après le tracé de l'ébauche.

– Le bois de ces tableaux est tiré du tronc de très vieux chênes. Il doit être dur et résistant pour durer éternellement. C'est la raison pour laquelle il est stocké pendant de longues années avant d'être découpé et apprêté. Ensuite, l'un d'entre nous recopie l'esquisse réalisée par le maître et repasse le tracé à la plume ou au pinceau fin. Nous étalons une couche de couleur transparente, généralement d'un ton ocre. Puis le maître se met au travail. Il commence par poser la peinture blanche selon la façon dont la lumière éclaire la scène. Il glace avec plusieurs couches de peinture jusqu'à ce que chaque objet ait la bonne couleur. Paysage et personnages doivent aussi avoir le relief qu'il souhaite leur donner.

– Et les couleurs ? Vous les fabriquez vous-mêmes ?

– Ce sont des poudres tirées de toutes sortes de pierres ayant séjourné dans le sol depuis la nuit des temps. Un jour, quelqu'un les extrait, un autre les broie et les mélange à la tempera ou à de l'huile de lin. Et c'est ainsi qu'un peintre peut réaliser le manteau rouge de la Vierge, un ciel d'un bleu éclatant, une verte prairie et tout ce qu'il a envie de peindre.

La comparaison avec la création du monde s'imposa à moi. Est-ce qu'un peintre ne créait pas le ciel et la terre avec des couleurs tirées de pierres ancestrales ? Ne créait-il pas la lumière qui se reflétait souvent dans une eau merveilleusement transparente ? Ne plantait-il pas des arbres et des fleurs avec son pinceau ? Ne donnait-il pas forme à des animaux et à des hommes ?

Et tout cela sur un bois endurci par les intempéries, un bois où le temps qui passe avait gravé ses anneaux ! Cette transformation avait quelque chose de magique et ressemblait presque à de la sorcellerie.

L'ouverture d'une porte m'interrompit dans mes réflexions. Quentin Massys et Joachim Patinir apparurent sur la galerie.

– ... Et vous ne trouvez pas inquiétant qu'un certain nombre d'événements, dont j'ai rêvé il y a plus de six mois avec une telle intensité que j'ai presque cru avoir une vision, se soient vraiment produits il y a deux jours ? demandait maître Joachim, sans prendre garde que Jan et moi pouvions tout entendre.

– Mais pourquoi cela vous bouleverse-t-il ? répliqua maître Quentin, manifestement amusé. De telles choses peuvent se produire à tout instant. Vous ne pouvez pas qualifier cela de vision. C'est un hasard, et rien d'autre.

– Mais qu'est-ce qui va se passer si le reste se réalise aussi, cette chose terrible... ?

Maître Quentin éclata de rire.

– Vous aviez probablement trop bien dîné ce jour-là. C'est tout.

Il s'appuya à la rampe de la galerie tandis que Joachim Patinir fermait la porte à clé.

– Vous êtes influencé par maître Jérôme qui tentait de transposer en peinture sa peur de l'enfer. Tout le monde se rend compte que vous êtes son élève. Votre façon de peindre les maisons et les arbres, vos animaux tirés tout droit des plus noirs cauchemars, l'ampleur de vos tableaux, la lumière, la composition, tout cela témoigne de l'influence du maître de Bois-le-Duc. Il exagère, et son imagination s'éloigne de ce qu'un être humain est capable de comprendre. Vous, en revanche, vous êtes plus diabolique que lui parce que vos fictions morbides ne sont pas aussi éloignées de la réalité que les siennes. C'est peut-être lié au fait que vous croyez parfois vous-même que les scènes peintes par vous peuvent s'être produites ou vont se produire. Mais je suis sûr que votre vision n'est que chimère.

Maître Joachim descendait l'escalier derrière lui.

– Je suis curieux de savoir ce que vous allez faire de ce tableau, poursuivit Quentin Massys. On ne vous en a pas passé commande, n'est-ce pas ?

– Je vais le montrer à Lucas Rem quand il arrivera d'Augsbourg. Il m'a déjà acheté plusieurs tableaux autrefois.

– Eh bien, j'espère pour vous qu'il le prendra car il ne sera pas facile à vendre. Mais consolez-vous, l'époque viendra, et peut-être plus vite qu'on ne le croit, où les peintres ne peindront que ce qui leur plaira, des paysages, des natures mortes, des scènes champêtres, et tout cela sans qu'on leur en ait passé commande. S'ils font de beaux tableaux correspondant au goût de l'époque, ils trouveront toujours des acquéreurs.

Quand ils traversèrent l'atelier, maître Joachim s'approcha de nous un instant et passa le doigt sur le panneau auquel Jan travaillait.

– C'est bien, lui dit-il. Continue !

Il enleva sa blouse et la suspendit à un crochet ; puis, se souvenant que j'étais encore là :

– Tu veux donc devenir apprenti chez moi ?

Il me regardait d'un air interrogateur et poursuivit quand j'eus acquiescé d'un signe de tête :

– Mais je ne prends des compagnons qu'à partir du printemps prochain. Guy et Jacques auront alors terminé leur apprentissage. Si tu peux attendre jusque-là, je serai ravi de te prendre.

Sur ces mots, il quitta l'atelier en compagnie de maître Quentin.

VI

Tandis que Jan continuait à travailler avec application, j'étais comme pétrifié au milieu de la pièce, incapable d'y voir clair. Etait-il possible qu'un homme du XXe siècle puisse être en apprentissage chez un peintre du XVIe ? Etais-je en train de rêver ? Ou étais-je bien dans la réalité, et mon passé, ma mère, l'école et tout le reste avaient été un rêve ? Qu'est-ce qui avait déclenché cette aventure ? Aussitôt, je me souvins du *Saint Christophe* et du mort sur le radeau.

Je laissais mes pensées vagabonder quand, tout à coup, mes yeux tombèrent sur la blouse de maître Joachim suspendue au crochet. Je me demandais s'il avait remis dans sa poche la clé de la petite pièce sur la galerie. Il m'intéressait de savoir ce qu'il cachait si soigneusement à tout le monde. Ma décision fut vite prise : je voulais essayer de pénétrer dans cette pièce pour jeter un coup d'œil sur le mystérieux tableau. Peut-être me permettrait-il d'avancer dans mon enquête ? En tout cas, cela ne pouvait nuire à personne.

Pendant que Jan continuait son travail du mieux possible, je réfléchis à la façon dont j'allais procéder. Et, quand Jan m'envoya dans le petit réduit chercher une autre spatule, je décidai de m'y cacher le soir même. Pendant la nuit, je pourrais prendre la clé dans la blouse du maître et me glisser en haut pour voir le tableau. Il fallait seulement trouver un prétexte pour retourner dans l'atelier une fois que je l'aurais quitté avec Jan.

Nous nous mîmes à ranger. Jan adossa au mur les tableaux inachevés qui n'avaient pas trouvé place sur les chevalets. Je commençai par nettoyer les spatules et balayai ensuite la poussière tombée sur le sol pendant le ponçage de la couche de craie. C'est alors que Brigitte entra.

– C'est mon père qui m'envoie, dit-elle à Jan. Tu ne dois pas oublier de chercher le dessin de maître Albrecht et de le poser sur la table. Il aimerait bien le montrer à M. van Wulfen si celui-ci revient !

– Je n'ai pas oublié, grogna Jan avec mauvaise humeur sans la regarder. Mais je lui ai dit que j'ignore où il se trouve.

Brigitte me sourit comme pour me demander de lui pardonner le détestable comportement de Jan. Nos regards se croisèrent un instant. Aujourd'hui, je dirais que c'est à ce moment-là que je suis tombé amoureux d'elle, mais je ne m'en suis rendu compte que beaucoup plus tard.

– Est-ce la première fois que tu viens dans cette ville ? me demanda-t-elle, et j'eus l'impression qu'elle me posait cette question uniquement pour briser le silence qui menaçait de s'installer entre nous. A en juger à tes vêtements, tu es voilier. Etais-tu en mer ?

– Pas encore, lui dis-je. J'ai appris le métier parce que mes parents l'ont exigé. En fait, j'ai toujours voulu devenir peintre, comme votre père.

Ce mensonge franchit mes lèvres sans effort.

– Tu es déjà venu ici ?

– Non. Je ne connais de cette ville que la place du marché et le chemin pour arriver ici.

– Alors demande à Jan de te la faire visiter !

– J'ai autre chose à faire, bougonna le valet.

La jeune fille se retourna et dit :

– Eh bien, bon courage ! Nous nous verrons peut-être demain à la messe. Bonsoir !

Sur ces mots, elle sortit, nous laissant seuls. J'étais terriblement troublé. Quant à Jan, pour une raison que je ne m'expliquais pas, il semblait irrité.

VII

Comme Brigitte nous avait souhaité le bonsoir, je me rendis compte que la journée tirait à sa fin. Pour Jan, il était grand temps de se mettre en route s'il voulait arriver au moulin avant la tombée de la nuit. Le lendemain étant un dimanche, il était probable qu'il ne reviendrait pas à l'atelier avant le lundi.

– Tu vas à la messe le dimanche ? lui demandai-je.

Il me regarda d'un air étonné.

– Mais bien sûr !

Quand nous quittâmes la pièce, je m'assurai que la blouse de maître Joachim était encore à sa place. Mais j'ignorais si la clé était dans la poche. J'espérais seulement que, distrait par sa conversation avec Quentin Massys, il aurait oublié de la prendre. Nous allâmes vers la porte d'entrée sans rencontrer personne. Juste au moment où nous allions sortir, je m'écriai :

– Il faut que je retourne dans l'atelier, j'ai oublié quelque chose. Pars, nous nous verrons demain !

Et je me mis à courir pour ne pas laisser à Jan la possibilité de me demander ce que j'avais pu oublier dans l'atelier alors que j'étais arrivé les mains vides. Il ne m'avait pas non plus demandé où j'allais passer la nuit.

Le couloir était toujours désert. Tout était silencieux dans la maison. Des étages supérieurs, aucun bruit ne parvenait jusqu'à moi. Quentin Massys était sans doute déjà parti.

J'ouvris tout doucement la porte de l'atelier et la refermai avec moult précautions. Mon premier souci fut d'aller voir si la clé était bien dans la blouse de maître Joachim. Elle y était effectivement. Je la sentis à travers l'étoffe et en fus fort soulagé.

Ensuite, je me glissai dans le petit réduit où étaient entreposés outils et couleurs. Je m'accroupis sur le sol, bien décidé à attendre que tous les habitants de la maison fussent allés se coucher. Ensuite, je monterai l'escalier à pas de loup pour aller voir le tableau que le peintre dissimulait si soigneusement.

Bien que ma position fût très inconfortable, je ne tardai pas à me féliciter de ma prudence car j'entendis quelqu'un entrer dans l'atelier peu après moi et s'y affairer. Mon cœur battait à tout rompre et j'essayai de m'inventer une excuse au cas où l'on me découvrirait. J'entendais des frottements bizarres et le bruit de chevalets et de tabourets que l'on déplace. Lorsque je perçus des marmonnements, je réalisai que c'était sans doute Martha qui était venue balayer.

Sa présence me sembla durer une éternité. J'étais à la torture car je ne voyais pas qui aurait pu l'empêcher d'entrer dans le réduit pour y rapporter un objet oublié dans l'atelier... Heureusement, Jan était très ordonné et avait tout bien rangé.

Tout redevint silencieux. Entrouvrant la fenêtre, je vis que la nuit tombait peu à peu. Je pensai alors qu'il était grand temps de chercher une lampe pour pouvoir examiner le tableau. Je ne mis pas longtemps à en trouver une. Il y avait sur le rebord d'une fenêtre un petit récipient rempli d'huile, qui devait servir de lampe, et une pierre à feu. Mais je fus très déçu de constater que je n'arrivais pas à allumer l'huile. Cependant, je ne perdis pas courage et décidai d'attendre que l'aube éclaire la pièce.

VIII

Au fur et à mesure que la clarté diminuait, j'avais de plus en plus peur de heurter par mégarde un tableau installé sur un chevalet et de le faire tomber.

Quand il fit complètement noir et que je ne pus presque plus rien voir, mon ouïe et tous mes autres sens s'en trouvèrent aiguisés.

L'atelier était à l'arrière de la maison. On y entendait donc rarement les bruits de la rue, tout au plus les sabots d'un animal de trait ou les roues d'une charrette et, bien sûr, les cloches de la cathédrale. Mais maintenant j'entendais même le trottinement des souris et le bourdonnement d'une mouche en train de mourir. Par ailleurs, une odeur entêtante de vernis me frappa à nouveau, mêlée à l'odeur d'autres essences que je ne connaissais pas.

Quand je fus certain que la servante ne reviendrait pas, je sortis du réduit et marchai à tâtons jusqu'à l'endroit où devait se trouver la blouse de maître Joachim.

Je la trouvai au bout d'un laps de temps qui me parut une éternité. C'est alors que les cloches de la cathédrale se mirent à sonner et je me rendis compte que la nuit ne faisait que commencer. J'entendis les quatre coups signalant qu'on changeait d'heure. Les dix coups qui suivirent indiquaient qu'il n'était que dix heures.

Quand je sentis l'étoffe de la blouse sous mes doigts, je cherchai l'ouverture de la poche dissimulée entre les plis et je saisis la clé.

Au même moment, un coup de clairon retentit dehors. J'en fus grandement effrayé, et mon cœur cessa de battre un instant. Je me crus découvert, tremblai, et faillis perdre l'équilibre.

Aussitôt après, une voix d'homme se mit à brailler une chanson dont je ne saisis les paroles qu'au bout d'un certain temps. C'était à peu près cela :

Oyez messieurs et apprenez
que dix heures viennent de sonner !
Dieu a établi dix commandements,
faites que nous soyons obéissants !

Veiller ne sert à rien,
c'est Dieu qui doit veiller et protéger.
Seigneur, que ta bonté et ta puissance
nous fassent passer une bonne nuit !

Le clairon retentit à nouveau, mais l'homme s'éloignait. Quelques minutes plus tard, je l'entendis retentir beaucoup plus faiblement dans la ruelle suivante, puis le silence retomba.

Je me calmai peu à peu et me trouvai bien stupide de me laisser effrayer par un veilleur de nuit.

N'osant rien faire tant qu'il faisait nuit noire, je m'assis par terre, m'adossai au mur et tentai de dormir un peu.

Mais je ne pouvais empêcher mes pensées de suivre leur cours. Je repensais à la nuit au moulin et à Jan qui s'était glissé dans ma chambre. Que de choses s'étaient passées depuis ! On aurait pu croire que des semaines entières s'étaient écoulées ! J'essayais de me souvenir de chaque épisode de la journée. Je repensais à l'histoire que Quentin Massys, déjà légèrement éméché, avait essayé de raconter après le déjeuner. Malheureusement, maître Joachim l'avait interrompu et nous n'avions pas pu savoir ce qu'il y avait là de tragique. En repassant tout cela dans ma tête, je revis la scène du moulin où deux hommes étaient penchés sur un troisième larron gisant à terre. J'avais supposé que c'était une scène de meurtre et, cette nuit-là, il me vint pour la première fois à l'idée que l'objet allongé que le valet du monastère avait vu flotter dans l'eau pouvait être la victime de ce meurtre. Il me semblait cependant incompréhensible que le cadavre se trouvât si loin en amont. Et dans le tableau, c'étaient les deux moines qui se trouvaient près du cadavre et non pas le valet ; je ne pouvais pas m'expliquer non plus pourquoi le cadavre avait été ligoté sur le radeau et qui avait glissé le bout de papier sous la ceinture. Mais, ce qui m'intéressait encore plus, c'était de savoir si le meunier et son fils avaient quelque chose à voir avec la mort de cet homme et s'ils étaient les assassins. Je ne pensais pas Jan capable d'un tel acte, mais il était, de toute évidence, perturbé comme si une chose terrible lui était arrivée et qu'il avait peur d'être découvert. Il m'était également difficile d'imaginer que le meunier fût un assassin. Il avait le visage affable d'un homme qui ne ferait pas de mal à une mouche.

Et puis, le mobile : j'avais beau chercher, je ne leur trouvais aucune raison de devenir des assassins. Ils ne ressemblaient en rien à des brigands. Tout compte fait, c'est Willem qui restait à mes yeux le principal suspect.

Peut-être le véritable mystère résidait-il dans la personne de la victime. Mais j'ignorais son identité car, jusqu'à maintenant, aucune disparition n'avait été signalée. La seule piste que je voyais passait par le moulin et se prolongeait jusqu'à maître Joachim qui avait transcrit tous ces événements dans son tableau. Arrivé à ce point de mes réflexions, j'ai dû m'endormir. Je fus réveillé par les douze coups de minuit et par la chanson du veilleur de nuit :

Oyez messieurs et apprenez
que minuit vient de sonner !
Minuit, c'est l'aboutissement.
Homme, songe à l'éternité !

L'obscurité de l'atelier me fit à nouveau l'impression d'être une entrave à ma liberté de mouvements. Je résistai de toutes mes forces à l'envie de me lever pour me dégourdir les jambes.

Des tas d'histoires de fantômes me revenaient à l'esprit, mais cela n'avait pas grand-chose à voir avec le fait qu'il était minuit. C'est plutôt le vent qui me suggérait ces sinistres pensées. Il mugissait dans les étroites ruelles, s'engouffrait en hurlant dans la cheminée et son horrible chanson semblait vouloir évoquer toute la misère du monde.

De violentes rafales faisaient craquer les poutres du toit, claquer les volets et, quand une averse s'abattit sur la ville, la pluie se mit à cogner contre les vitres comme pour demander d'entrer.

Je repensai alors à tous les personnages que j'avais vus sur les tableaux inachevés. Le peintre ne s'était-il pas préoccupé de leur donner une âme ? Et cette âme, ne leur donnait-elle pas la possibilité de se transformer en spectres à minuit ? Il y avait par exemple plusieurs tableaux représentant saint Jérôme. Maître Joachim devait avoir un faible pour lui. Était-ce en souvenir de son maître Jérôme Bosch ? Je me souvins aussi de la Vierge et de saint Antoine, des femmes essayant de séduire saint Antoine, peintes par Quentin Massys, et de sainte Catherine dont la mort était représentée sur l'un des tableaux. Je m'imaginais qu'à l'heure des revenants ils étaient tous capables de sortir de leur cadre, tout comme j'avais pu me transporter dans le *Saint Christophe.*

Je vis avec horreur leurs visages menaçants s'approcher de moi ; moi, l'intrus. J'ouvris la bouche pour crier, mais aucun son ne sortit.

Comme j'avais entendu le veilleur de nuit et les cloches de la cathédrale, je pensais être éveillé. Mais maintenant, je ne savais plus très bien si c'était le cas ou si je rêvais.

Tous ces personnages irréels et comme éclairés de l'intérieur défilèrent devant moi. Puis ils se placèrent face à face en formant deux rangées au milieu de l'atelier, et se mirent à danser en silence.

Lentement et d'un pas mesuré, les couples se rejoignaient, se donnaient la main et tournaient en rond. Puis ils changeaient de partenaire mais, avant de se séparer, ils se faisaient une révérence pleine de raideur. Les femmes relevaient d'une main leur longue jupe tandis que les hommes pressaient le poing sur la hanche. On avait l'impression de voir des coqs se donnant de grands airs devant leurs poules.

Ma frayeur ayant un peu diminué, j'examinai attentivement danseurs et danseuses. Je fus surpris de constater que la Vierge ressemblait à Brigitte. Etait-ce dû à la courbe si gracieuse de sa nuque ? Ou à la fine boucle de cheveux qui s'échappait de dessous sa coiffe ? Peut-être était-ce sa façon de se mouvoir ou l'élégance avec laquelle elle relevait les lourds plis de son manteau ? Aussitôt après, je m'aperçus que saint Antoine ressemblait étonnamment à maître Quentin ; mais cela ne me surprit pas outre mesure car les personnages d'un tableau ressemblent souvent à l'artiste qui les a peints.

La vieille femme du *Saint Antoine* était aussi laide que Martha ; les deux autres femmes étaient Mme Johanna et la petite Anna, telle qu'elle serait dans six ou sept ans. Je ne connaissais pas la quatrième femme. Peut-être Quentin Massys avait-il immortalisé à travers elle la première femme de maître Joachim. Les saint Jérôme ressemblaient tous à maître Joachim, et saint Jean-Baptiste au valet Lucas, sauf que le saint portait une barbe.

Je ne m'étonnais pas de toutes ces ressemblances, car il est évident que les peintres choisissent leurs modèles dans leur entourage immédiat. J'étais simplement contrarié de ne pas m'en être aperçu plus tôt.

La danse s'accéléra. Les couples tournaient de plus en plus vite. C'était comme les jouets que l'on remonte et qui fonctionnent jusqu'à ce que le ressort se détende ou craque.

Ils formèrent une seule rangée, me regardèrent d'un air menaçant et se mirent à tourbillonner en avançant vers moi comme s'ils voulaient m'étouffer dans leur masse. Seule Brigitte me regardait avec gentillesse. Elle semblait me demander pardon pour toutes les frayeurs que j'éprouvais, ainsi qu'elle l'avait fait quand Jan avait été si désagréable avec moi.

Tout cela s'était d'abord passé sans bruit. On n'entendait même pas le bruit des pieds frappant le sol ; mais, bientôt, un bruit de tambour se mêla au hurlement du vent, d'abord lointain, puis de plus en plus fort : « Badaboum, badaboum, boumboumboum ! »

C'était un son menaçant, comme le signal d'une bataille. Rien à voir avec la musique dansante d'une kermesse ou d'une noce paysanne.

J'avais l'impression qu'on m'agressait et qu'on essayait de me chasser, mais il m'était impossible de fuir. J'étais comme paralysé et malade de peur en voyant tous ces saints, morts depuis si longtemps, s'approcher de moi. Voulaient-ils m'infliger une mort aussi terrible que la leur ?

Mais, au moment où leurs mains de spectres allaient s'emparer de moi, un personnage gigantesque apparut.

Il avait toujours son bâton à la main, et l'enfant Jésus sur ses épaules tenait une boule de verre, exactement comme maître Joachim l'avait peint. Le bout de son manteau rouge laissait une trace humide sur le sol, ce qui n'avait rien d'étonnant puisque ce personnage sortait tout droit du fleuve.

C'était saint Christophe, le patron des voyageurs, celui qui préserve d'une mort violente.

Alors les saints retournèrent dans leur tableau et, pendant qu'ils reprenaient leur position figée, j'entendis, à travers le roulement de plus en plus faible du tambour, un chœur chanter l'une des chansons de Josquin Després :

Mille regrets de vous abandonner
Et d'eslonger vostre face amoureuse,
J'ai si grand deuil et peine douloureuse,
Qu'on verra bientôt mes jours décliner.

Au même moment, les cloches de la cathédrale annoncèrent la première heure du jour.

IX

Ensuite j'ai dû m'endormir, tant j'étais épuisé, et quand je me réveillai, la lune était si haute dans le ciel que ses rayons éclairaient l'atelier.

Le vent s'était calmé et un silence inquiétant bourdonnait dans mes oreilles. Je me levai péniblement. Tout mon corps me faisait mal. Mais, si je voulais exécuter mon plan, c'était maintenant ou jamais. La lune m'éclairait suffisamment. Je pouvais distinguer les marches de l'escalier et sentais la clé dans ma poche. Je gravis chaque marche avec une extrême prudence, mais il était inévitable que le bois craquât sous mes pieds. Je m'arrêtai une ou deux fois pour tendre l'oreille. Tout était calme et je continuai mon ascension jusqu'à la galerie. Je mis la clé dans la serrure et ouvris le cabinet de travail de maître Joachim. Ce faisant, je repensai à un conte de fées que j'avais lu dans un livre. Il s'agissait d'une princesse qui avait le droit d'entrer dans douze pièces, mais pas dans la treizième. Quand elle l'avait ouverte, malgré l'interdiction qui lui était faite, elle avait vu qu'elle était remplie de cadavres.

Quand j'ouvris la porte, je reculai aussitôt : je me retrouvais face à un homme qui semblait m'avoir longtemps attendu. Un petit garçon était assis sur son épaule. Son long manteau traînait dans l'eau car cet homme était en train de traverser un fleuve à pied.

C'était à nouveau saint Christophe.

Mais cette fois, ce n'était pas un fantôme. Cette fois, c'était le tableau de maître Joachim, le tableau qui était reproduit dans mon livre et qui est accroché depuis près de quatre siècles dans un couvent espagnol.

A vrai dire, j'aurais dû penser que le tableau si soigneusement dissimulé par maître Joachim ne pouvait être que son *Saint Christophe.* Mais je ne m'attendais pas à le trouver ici. Comme j'étais moi-même dans ce tableau, il était fort improbable que je me retrouve face à lui. Mais pourquoi pas, au fond ?

C'était donc un tableau dans le tableau et je me demandais ce qui se passerait si j'entrais dans ce tableau, puis dans le suivant, et le suivant... ?

Je n'arrivais pas à comprendre pourquoi maître Joachim tenait tant à le dissimuler. Quelle importance qu'il ait vu en rêve les événements se déroulant à l'arrière-plan du tableau ?

Ce rêve l'avait-il tellement obnubilé qu'il se sentait contraint de le transposer dans un tableau ? Mais, si c'était le cas, personne ne l'avait obligé à révéler son secret.

Je me rendis compte alors que la collision des deux bateaux, l'incendie et l'attroupement avaient vraiment eu lieu.

Avait-il eu peur que les autres scènes, celle de la cour du moulin et la découverte du cadavre sur le radeau, se produisent également ?

S'était-il senti menacé lui-même ?

Est-ce pour cela qu'il avait invité son ami Quentin Massys et lui avait montré le tableau ?

Espérait-il être rassuré ?

Je laissai mon regard errer à nouveau sur le paysage. Les salamandres jouaient toujours au bord du fleuve, frère Jacques se tenait derrière l'arbre mort tandis que Willem faisait sécher ses vêtements dans la cabane. L'homme agenouillé devant l'image sainte continuait à prier, les moines retenaient le radeau où un cadavre était attaché et, dans la cour du moulin, deux hommes étaient penchés sur un troisième à terre.

Tout était comme avant. Rien n'avait changé.

Au moment où je pris la décision de quitter l'atelier de maître Joachim, mes yeux tombèrent sur la petite table de travail placée sous la fenêtre et éclairée par la lune. Mon regard s'arrêta sur un objet brillant. Il était rond et transparent, reflétait la lumière et déformait les objets voisins.

C'était une boule de verre. Apparemment, elle avait servi de modèle à maître Joachim quand il avait peint le globe tenu par l'enfant Jésus, et elle me rappela la boule que ma mère avait sur son bureau.

Je me mis à l'examiner de plus près et je vis que des petits points lumineux semblaient flotter à l'intérieur. Certains étaient proches, d'autres plus lointains, il y en eut trois ou quatre qui se regroupèrent tandis qu'un autre s'éloignait. Ils ressemblaient à des étoiles dans la nuit, à des planètes dans l'espace, et pourtant ce n'étaient que de toutes petites bulles captant la lumière et remplies d'un air vieux de plusieurs siècles.

C'est seulement au bout d'un moment que je reconnus mon image à la surface du verre, ainsi que les objets derrière moi. Au centre, mes yeux, mon nez et la racine de mes cheveux étaient à peine déformés, mais dans la courbe inférieure, tout était distordu. Pour une raison que je ne m'expliquais pas, j'en fus effrayé et je me détournai brusquement pour quitter la pièce.

Tandis que je refermai la porte à clé, je repensai soudain au dessin de maître Albrecht, à ces quatre saint Christophe sur papier gris offerts à Joachim Patinir il y avait tout juste un an. J'étais incapable de me rappeler si Jan l'avait cherché, comme Maître Joachim le lui avait demandé.

Mais j'avais d'autres soucis pour le moment. Je descendis l'escalier à pas de loup et remis la clé dans la blouse du peintre. Ce faisant, je ne cessai de penser à la façon dont je pourrais quitter la maison sans être découvert.

Quatrième partie

Le dessin

I

L'aube faisait pâlir la lumière blafarde des étoiles. N'ayant rien pris la veille au soir, j'étais mort de faim et je me sentais complètement vidé de ma substance.

Au mépris de toute prudence, je me levai pour aller dans la cuisine où j'espérais trouver quelque chose à manger.

Des braises luisaient encore dans le fourneau. La pièce était emplie d'une odeur de bois humide. Je dus chercher un moment avant de dénicher quelques galettes complètement desséchées et je les avalai si vite que j'en attrapai le hoquet. Par chance, il y avait une cruche remplie d'eau et, après quelques gorgées, mon diaphragme retrouva son calme. A un moment, je heurtai une casserole. Le bruit m'effraya tant que je restai figé sur place en retenant ma respiration. J'entendis alors dans une pièce attenante à la cuisine quelqu'un gémir en se retournant dans son lit. Peu après, on se remit à ronfler.

Je refermai la porte de la cuisine aussi doucement que possible, avançai à tâtons dans le couloir et vis avec soulagement que la clé était sur la porte. Les grincements de la serrure et du battant m'arrachèrent les oreilles. Une fois certain que personne ne me suivait et que j'étais suffisamment éloigné de la ruelle où se trouvait la maison de maître Joachim, je m'arrêtai pour reprendre haleine. Puis je me mis à marcher sans but, à parcourir la ville dans tous les sens. Je passai devant des auberges, des tavernes et des boutiques, jusqu'au moment où, au bout d'une rue, je vis le port devant moi. Quelques bateaux tanguaient sur une eau agitée, et le ciel, dont je n'avais pu voir qu'une étroite bande quand j'étais dans les ruelles, s'élargit brusquement au-delà du littoral jusqu'à l'horizon.

Il était encore de très bonne heure. La tempête de la nuit avait chassé presque tous les nuages. L'air était frais et avait un goût de sel. Admirant les bateaux, je parcourus les quais qui s'étendaient très avant dans l'embouchure du fleuve et allai jusqu'à la forteresse située à l'autre bout. Les deux caraques, dont les capitaines s'étaient disputés la priorité quelques jours auparavant, étaient ancrées un peu plus loin.

L'une d'elles avait un énorme trou au niveau du bordage. Par chance, il était au-dessus de la ligne de flottaison, sinon, il aurait coulé. Sur l'autre bateau, autant que je pus en juger, seules les structures arrière étaient endommagées. La nationalité des deux navires était impossible à déterminer car il n'y avait pas de pavillon au mât et les voiles étaient carguées. Cependant, je vis le gardien de l'un des bateaux faire les cent pas sur le pont et j'eus l'impression qu'il était originaire d'un pays méridional. Quand il cessa de marcher et se mit à me regarder avec une insistance empreinte de méfiance, je me rendis compte que j'étais la seule personne présente sur la jetée. C'est cela qui le rendait méfiant. Je me tournai donc vers le deuxième bateau accidenté, mais je ne vis personne à bord. Il était ancré à côté de l'autre et en partie caché par une galère et quelques bateaux de pêche.

La forteresse, à partir de laquelle le port pouvait être défendu contre une attaque maritime, ressemblait à un château miniature. Elle était pourvue de douves, d'un pont-levis et de nombreuses tours. Jan m'avait dit qu'on y avait emprisonné le marchand qui avait osé adhérer aux thèses de Martin Luther, et s'était ainsi opposé au pape et à l'Eglise catholique. Savait-il déjà que sa maison avait été brûlée et qu'il avait perdu tous ses biens ? Peut-être l'avait-il compris en entendant le tocsin.

Comme j'avais encore beaucoup de temps avant la messe, je décidai d'aller jeter un coup d'œil aux ruines de sa maison. J'aurai sans doute du mal à retrouver le chemin, mais je voulais revoir l'endroit où avait eu lieu l'attroupement.

II

La ville s'éveillait peu à peu. Les femmes allaient chercher de l'eau aux fontaines. Certaines mettaient des fleurs fraîches dans les niches où étaient placées des statuettes de saints ; d'autres avaient assisté de bonne heure à l'oraison dominicale et quittaient les petites chapelles aux murs desquelles étaient accrochés images de la Vierge ou crucifix. Un ecclésiastique se dirigeait à grands pas vers la cathédrale dont un sacristain venait d'ouvrir les portes, et quelques buveurs attardés titubaient le long des rues à la recherche de leur logis.

– Attention que le fantôme des ivrognes ne t'attrape pas ! s'écria l'un d'eux en éclatant d'un rire tonitruant.

– Attention toi-même ! lui cria l'autre. Je ne crois pas aux esprits, sauf à ceux qui hantent la gnôle et la bière.

De temps à autre, je croisais aussi des mendiants et des infirmes. Ici un unijambiste s'aidait d'un bâton, là un aveugle se faisait guider par un enfant. Un troisième avait une énorme bosse et un quatrième bredouillait des mots incompréhensibles entrecoupés de hurlements. Ce type de rencontre était particulièrement fréquent à proximité de la cathédrale. Horrifié par ce spectacle, je pressai le pas. Une affreuse odeur d'égout imprégnait l'air car beaucoup de gens prenaient la rue pour des latrines. Manifestement, les canalisations souterraines n'avaient pas encore été inventées.

La grande variété des blasons au-dessus des portes signalait que beaucoup de bateaux étrangers faisaient escale ici. Aussi toutes les grandes maisons d'Europe avaient-elles leur succursale à Anvers, y compris les Fugger d'Augsbourg et Lucas Rem. Selon les dires de maître Joachim, ce dernier manquait rarement de lui rendre visite quand il venait régler ses affaires.

Après m'être quelque peu égaré, je finis par trouver la bonne porte et l'endroit où se tenait la maison du marchand, ou plutôt ce qui en restait. Quelqu'un avait rassemblé les projectiles utilisés et en avait fait un tas qui attendait dans un coin d'être déblayé. La place avait été balayée et, s'il n'y avait pas eu ces chevrons calcinés se dressant dans le ciel et cette odeur âcre de bois brûlé qui vous pénétrait les narines et vous faisait pleurer, rien n'aurait pu rappeler la tragédie. Cela aurait été une place tout à fait ordinaire, dans une ville portuaire tout à fait ordinaire, un dimanche matin de mai 1522.

Je me mis à fouiller un peu dans les ruines, escaladai des poutres renversées et des murs effondrés, ramassai des livres à moitié brûlés et écartai du pied des morceaux de vaisselle brisée. A un moment, je m'arrêtai pour tendre l'oreille, croyant avoir entendu quelque chose. Mais non, tout était silencieux. Soudain, je mis à nouveau le pieds sur des débris et quelqu'un se leva brusquement à deux pas de moi.

– Hé ! Il y a quelqu'un ?

Je n'avais pas besoin de le voir pour savoir qui c'était. Je l'avais reconnu à sa voix : Willem ! Je me mis alors à réagir comme Jan et à avoir une peur terrible de cet homme. Car, au fond, je le soupçonnais d'avoir commis un meurtre.

Tandis qu'il se frottait les yeux pour en chasser le sommeil, j'avais pris mes jambes à mon cou, lui se lançant à mes trousses.

La maison était grande. Elle appartenait à un riche marchand et comportait de nombreuses pièces qui n'avaient pas toutes été touchées par l'incendie. Même l'escalier était encore praticable. Je courais d'une pièce à l'autre, m'arrêtais, tendais l'oreille, me cachais dans un renfoncement quand mon poursuivant se rapprochait, et le laissais filer.

– Hé, arrête-toi ! criait-il, furieux. Attends un peu, je vais t'attraper !

A un moment, je lui échappai de justesse. Je m'étais retrouvé par mégarde dans une pièce n'ayant qu'une issue ; de plus, elle était complètement vide, à part une vieille table. Il n'y avait qu'une petite fenêtre et le plafond avait disparu.

Avant même de me rendre compte de mon erreur, j'entendis l'homme se rapprocher dangereusement. Je sautai alors sur la table, m'accrochai des deux mains au bord supérieur du mur et me hissai dessus.

Au moment où mon poursuivant entra, j'avais juste eu le temps de me coucher sur ce rebord qui s'effritait. Il ne vit donc qu'une pièce toute vide et, par bonheur, il ne leva pas les yeux.

Mon Dieu ! Il n'avait jamais été aussi près de moi ! Je pouvais même sentir son odeur. Il puait la bière et la porcherie. Haletant comme un taureau furieux, il fit aussitôt demi-tour et quitta la pièce à grand bruit.

J'ignore comment cette mésaventure se serait terminée si son attention n'avait pas été détournée par deux hommes qui semblaient également fouiller la maison.

– Hé, dis donc ! Te voilà enfin !

Manifestement, ils se connaissaient.

– Ah, c'est vous ! s'écria Willem. Pourquoi ne l'avez-vous pas dit plus tôt ?

Quand je me fus assuré qu'ils s'éloignaient, je redescendis du mur et les suivis à pas de loup. Quel ne fut pas mon étonnement quand je reconnus les deux moines que j'avais déjà vus au marché en compagnie de Willem. Je me cachai derrière un mur et reculai encore de quelques pas de crainte d'être découvert. Puis je tentai de comprendre leur conciliabule, et si j'y parvins, c'est uniquement parce que Willem était incapable de parler bas :

– Qu'est-ce qu'il y a ?

– ... tout de suite pensé que tu te cachais ici, dit l'un des moines... n'es pas venu au rendez-vous.

– ... et tu nous as laissés porter nos paquets, ajouta l'autre d'un ton de reproche.

– ... ai mes raisons, grogna Willem.

Puis il se tut et demanda ensuite :

– Qu'avez-vous fait de cet individu ?

– Enterré, comme il convient à un vrai chrétien. Espérons que c'en était un. Dieu ait son âme !

– Est-ce ce qui convient pour un Franç.. ?

– Tais-toi ! lui intima le premier moine. Comment veux-tu savoir que c'en était un ?

– Je le sais. J'y suis allé. Il n'y a qu'à voir leurs vêtements. Personne d'autre ne se promène comme ça. Et quand ils viennent chez nous, c'est généralement en espions. La blessure était due à un couteau. Je m'y connais, dit-il d'une voix forte, incapable de contenir son émotion.

– Si ce n'est pas toi qui lui as enfoncé le couteau dans les côtes, tu n'as pas à te faire de souci, dit l'autre pour le calmer. Tu l'as sorti de l'eau, tu l'as attaché sur un radeau et tu l'as poussé en aval jusqu'au moment où nous t'avons rencontré. Après, tu l'as signalé aux soldats de l'empereur et nous l'avons enterré. Tu ne pouvais pas faire davantage. Que le Seigneur lui accorde la paix éternelle. Nous ferions mieux de rentrer maintenant, et ne dis pas au frère François que tu as déjà dépensé ton argent à boire !

Mais le valet ne faisait pas mine de suivre ce conseil. Il lâcha un rot sonore et grommela d'un air méchant :

– Je viens si je veux. Le frère François peut aller se faire... !

Sur quoi les deux moines se regardèrent en haussant les épaules, tournèrent les talons et le plantèrent là.

III

Je m'éclipsai discrètement car j'en avais assez entendu pour commencer à y voir clair.

C'était donc Willem qui avait découvert le cadavre et qui, pour le transporter plus facilement, l'avait attaché sur un radeau. Il l'avait ensuite confié aux deux moines, et il avait dû faire sécher ses vêtements à l'ermitage avant de se mettre en route pour la ville.

Manifestement, le mort était un Français, mais je devais encore élucider comment il était mort, ce que Jan avait à voir avec lui et ce que signifiait le bout de papier glissé sous sa ceinture.

Soudain, les cloches de la cathédrale se mirent à sonner pour rappeler aux fidèles qu'il était temps de se rendre à la messe. Parés de leurs plus beaux habits, ils arrivèrent bientôt en masse sur la place, se hâtant pour ne pas être en retard.

Considérant mes propres vêtements, je me rendis compte qu'ils n'étaient ni beaux ni neufs, mais je n'en avais pas d'autres à me mettre. Je les lissai de la main, rejetai fièrement la tête en arrière et suivis les gens en direction de l'église. J'étais content d'avoir les cheveux mi-longs car c'était justement la mode à Anvers. Je passai donc plutôt inaperçu et me mêlai à la foule des fidèles tout en admirant leurs atours. Les femmes de la ville portaient des robes dont les longues traînes balayaient le sol quand elles ne les relevaient pas d'une main ou ne les passaient pas par-dessus leur bras gauche. Les manches étaient parfois serrées et bouffantes au niveau de l'épaule, puis plus amples avec plusieurs rétrécissements. Elles étaient souvent fendues, de sorte que l'on pouvait apercevoir la robe de dessous. Presque toutes avaient un décolleté plus ou moins profond, et beaucoup étaient faites d'étoffes précieuses, signe de la richesse de leur famille.

Mais, le plus remarquable, c'étaient les grandes coiffes qu'elles portaient. On avait l'impression que ces dames distinguées essayaient de rivaliser pour savoir qui arborerait la forme la plus singulière. Certaines s'élançaient comme des cornes fixées sur les tempes, d'autres formaient une espèce de bourrelet autour du front. Quand elles étaient fixées sur les cheveux, semblables à de simples toques, elles semblaient alors en velours ou en brocart brodé de fils d'or et de pierres précieuses.

Quant aux couleurs, la fantaisie des femmes ne connaissait pas de limites. Le rouge éclatant était aussi fréquent que le bleu-roi, le vert que l'orange, le violet que le turquoise. Une robe pouvait être de deux ou trois couleurs, bordée de fourrure avec une robe de dessous en dentelle.

Seules les femmes de la campagne, venues à la messe du dimanche avec leur époux, portaient des robes taillées dans un tissu grossier. Elles se contentaient d'une robe ample avec un tablier propre, d'un corselet recouvert d'un fichu et d'une coiffe blanche empesée.

Les hommes riches portaient généralement un pantalon serré, chaque jambe étant d'une couleur différente. Par-dessus, un manteau long ou court dépourvu de manches, parfois en fourrure ou garni de fourrure selon leur richesse ou leur désir d'avoir plus ou moins chaud. Presque tous avaient un bonnet rabattu sur l'oreille. Aux pieds, de larges chaussures plates, mais parfois aussi des guêtres de cuir lacées sur le côté et, pour certains, des bourses en cuir à la ceinture où ils serraient sans doute leur argent. Je trouvais leur façon d'exhiber leur richesse d'une insupportable vanité, et c'étaient justement eux qui passaient devant les mendiants et les infirmes sans daigner leur accorder le moindre regard.

Tout ceci était si nouveau et étrange pour moi que le trajet entre la maison du marchand et la cathédrale me sembla bien plus court que la veille, quand je l'avais fait en compagnie de Jan.

IV

Entraîné par la foule des fidèles, je franchis les portes de la cathédrale. Mes yeux mirent un certain temps à s'accoutumer à l'obscurité qui régnait à l'intérieur. Contrairement à la clarté et à la chaleur du dehors, j'étais plongé dans une fraîcheur moite et une lumière crépusculaire. Le peu de luminosité que les grands vitraux laissaient pénétrer était absorbé par la voûte. Les nombreux piliers me firent penser à la forêt que j'avais traversée avec Jan et un peu aussi aux étroites ruelles de la ville bordées de maisons de quatre à cinq étages.

Je suivis la foule jusqu'au milieu de la nef et m'adossai à une colonne d'où je pouvais à la fois suivre le service religieux et observer les fidèles.

Je remarquai qu'hommes et femmes étaient séparés. Les hommes étaient assis sur le côté droit, les femmes à gauche. Les premiers rangs semblaient être réservés aux notables et à leur famille ainsi qu'aux représentants des grandes maisons de commerce et aux citoyens fortunés. Ils se remplirent lentement de fidèles, tous en habits somptueux. Les rangs suivants étaient occupés par des employés, des gardes municipaux, des officiers de marine et, me sembla-t-il, des membres des corporations. En effet, je reconnus parmi eux maître Joachim et Quentin Massys. Derrière eux étaient placés des citoyens plus modestement vêtus. Certains étaient des paysans venus de la campagne pour assister à la messe. Valets, servantes, marchands de vin, matelots et pauvres gens devaient rester debout pendant l'office.

Juste au moment où mes yeux s'étaient accoutumés à la pénombre, le murmure de la foule cessa : le prêtre était entré dans la nef, précédé de deux acolytes. Sa magnifique chasuble était brodée de fils d'or. A quelque distance derrière lui, un servant portait un grand livre qu'il posa sur un pupitre et ouvrit à une certaine page. Tout le monde se mit à genoux.

– *In nomine Patris, et Filii, et Spiritus Sancti. Amen !* dit le prêtre, tournant le dos à l'assistance.

Les fidèles firent le signe de croix.

Je ne compris pas grand-chose à ce qui suivit car mes pensées s'égaraient. Je cherchai Brigitte parmi les femmes : elle était assise à côté de sa belle-mère. Ses cheveux étaient couverts d'une coiffe, ce que je regrettai vivement car elle dissimulait ainsi sa plus belle parure. La petite Anna était agenouillée de l'autre côté de la femme de Patinir, mais sa tête dépassait à peine du banc de devant.

Pendant ce temps, le servant avait donné au prêtre une cassolette en argent d'où s'échappaient des nuages de fumée qui enveloppèrent d'un voile gris l'autel, les stalles et les premiers rangs. Quand il agita l'encensoir pour que les vapeurs chassent le Mal de l'église et portent les prières des croyants jusqu'au ciel, l'odeur aromatique de la résine en combustion m'emplit les narines. Je songeai que, là aussi, avec les moyens mis à sa disposition, le cérémonial religieux, qui obligeait les fidèles à se servir de leurs cinq sens, empêchait qu'ils ne se laissent distraire et ne soient incapables de se concentrer sur la prière. Eclairé par quelques cierges, l'autel attirait le regard. Les mains jointes ou faisant le signe de croix mobilisaient le sens du toucher, le chant du prêtre mobilisait l'ouïe, et l'encens l'odorat. Je ne trouvai rien pour le goût, jusqu'au moment où je pensai à la sainte communion.

Gloria in excelsis Deo, chantait un chœur sur la galerie. *Et in terra pax hominibus bonae voluntatis.*

Et que sur terre règne la paix pour les hommes de bonne volonté, traduisais-je en pensée. Voilà une phrase qu'il eût été bon de répéter aussi souvent que possible à l'empereur Charles et au roi des Français ! Je repensais aux cavaliers que j'avais rencontrés en chemin. Avec leurs arbalètes, leurs épées et leurs lances en fer, ils étaient équipés d'un appareil effrayant. Puis je me souvins de la mise en garde du paysan qui m'avait conseillé de les éviter si je ne voulais pas être contraint de partir à la guerre. Mais partir à la guerre signifiait tuer d'une façon brutale, et seul saint Christophe pouvait préserver d'une telle mort si on croyait en lui et si on lui faisait confiance.

Au moment où je me livrais à ces réflexions, le

prêtre s'approcha du pupitre où le servant avait posé le grand livre. Il se retourna pour dire :

– *Dominus vobiscum !*

– *Et cum spiritu tuo,* répondit l'assistance.

La voix du prêtre monta et parvint au groupe des gens simples, des valets et des pauvres, s'engouffra sous la galerie et retentit jusque sous la voûte. Il lut l'Evangile en latin, et je ne compris pas grand-chose car ma connaissance de cette langue n'avait jamais été particulièrement bonne. Mais quand il monta en chaire pour interpréter le chapitre du jour, je reconnus l'histoire.

Il s'agissait de saint Jean-Baptiste qui avait été fait prisonnier par Hérode par la volonté d'une femme. Cette femme avait été mariée au frère d'Hérode, Philippe, mais elle vivait maintenant avec le roi. Jean-Baptiste ayant reproché à Hérode cet adultère, elle avait essayé à plusieurs reprises de le faire tuer. Sans succès.

Un jour, Hérode invita tous les grands de son pays à un festin au cours duquel Salomé, la fille de sa femme et de son frère, dansa avec tant de grâce que le roi se déclara prêt à exaucer le désir de son choix. Quand Salomé demanda conseil à sa mère, celle-ci lui dit d'exiger la tête de Jean-Baptiste. Le roi accepta et le bourreau apporta la tête du saint sur un plateau. La jeune fille la prit et la tendit à sa mère.

Dans son sermon, le prêtre prit prétexte de

cette histoire pour réprouver l'adultère, mais aussi pour dénoncer la séduction et le non-respect des commandements divins, du sixième en particulier : « Tu ne tueras point ».

J'étais épouvanté. Je venais justement de penser à la mort violente ! Et la raison de ma présence en ces lieux n'était-elle pas liée à une mort de ce type ? Comment se faisait-il que le prêtre ait précisément choisi ce passage de l'Evangile ? C'était un peu comme si toutes ces morts cruelles voulaient me persécuter.

Le grand tableau d'autel représentant la crucifixion du Christ ne montrait-il pas de quelle terrible manière un homme avait été torturé ? C'est seulement à cet instant que je réalisai toute l'horreur de cet événement, et je me demandai si c'était l'habitude qui pouvait expliquer notre indifférence.

Tout à coup, je compris beaucoup mieux la prière d'Albert Dürer : *Je te prie de m'assister en tout temps contre le monde, la chair et le diable, secours-moi dans ma dernière heure, et que la mort m'emporte !*

Partout le meurtre et la mort. A l'époque des évangélistes, dans le tableau de Patinir et, plus tard, toutes ces guerres qui ont fait des millions de victimes.

Tu as beaucoup de travail, saint Christophe, si tu veux empêcher tout cela !

Aujourd'hui, il ne me reste que des bribes de souvenir quant à la suite de la messe. Je vois encore le prêtre devant moi : il leva l'hostie bien haut pour la montrer à l'assistance, puis il fit de même avec le calice.

Mes yeux se tournaient sans cesse vers Brigitte et, en pensées, ma main caressait tendrement ses tempes et repoussait une mèche rebelle sous la coiffe. A un moment, je rencontrai son regard.

Quand l'officiant invita les fidèles à venir communier, elle quitta son banc derrière Mme Johanna et, la tête baissée et les mains jointes, elle suivit les autres femmes. Puis elle s'agenouilla devant le prêtre et reçut l'hostie ; là encore, son attitude me rappela une des madones de maître Joachim.

Puis le chœur entonna – à mon grand étonnement – une des chansons que je connaissais déjà :

J'espère en toi, Seigneur,
pour trouver miséricorde dans l'éternité.
Mais je me trouvais dans un enfer sinistre
où mon labeur était vain.
Tout espoir s'est brisé, parti en fumée.
Je vois que le Ciel me laisse pleurer.
Soupirs et larmes me restent
dans mon triste et grand espoir.
J'étais blessé, mais dans ma douleur
je te criais :
J'espère en toi, Seigneur.

J'étais épouvanté : paroles et mélodie exprimaient de mystérieuse façon mes sentiments, comme si le compositeur avait vu clair dans mon cœur, comme s'il savait ce qui se passait en moi, ce que j'éprouvais et pensais.

Et au moment où le chœur chanta les premières notes, je me sentis démasqué.

De plus, c'était la deuxième fois qu'un air, sans lequel je n'aurais pu entrer dans le tableau, était justement interprété là où je me trouvais. Ma frayeur n'en fut que plus grande.

Après une courte prière silencieuse, le prêtre se détourna de l'autel. Les gens se levèrent. L'office était terminé.

Dans la foule des fidèles, je découvris le meunier et sa femme. Elle tirait son mari par la manche et essayait de le convaincre de quelque chose, mais de ma place je ne pouvais rien entendre. Se détachant de la foule, ils se dirigèrent vers l'autel et, curieux de savoir ce qu'ils allaient faire, je les suivis aussi discrètement que possible. Dans l'abside, il y avait cinq petites chapelles où on avait dressé des autels. Certains étaient fleuris et des cierges brûlaient devant les autres. La meunière sortit un cierge de dessous son tablier, l'alluma à un autre et le planta devant un triptyque.

La faible lueur me permit de voir que sur le panneau central était représentée la descente de la Croix ; le Christ était entouré d'hommes et de femmes. A l'arrière-plan, sur une falaise, on voyait le lieu de son supplice, le Golgotha. Sur le panneau de droite, une scène de torture : un homme était debout dans une marmite sous laquelle ses deux bourreaux attisaient un feu avec une joie sadique. A gauche, je reconnus Hérode et sa femme assis à une table richement mise ; d'un geste gracieux qui mettait en valeur la finesse de sa silhouette et la splendeur de sa robe, Salomé tendait à son beau-père la tête de Jean-Baptiste posée sur un plateau. Le visage du saint était tourné vers Hérode, et, bien qu'il eût les yeux fermés, il semblait le regarder. Derrière la table du festin, sous une arche, les valets emportaient le corps décapité du supplicié.

La meunière montra cette scène à son mari et lui dit :

– Tu vois, c'est l'histoire que nous avons entendue aujourd'hui. N'est-il pas remarquable qu'il y ait des peintres comme maître Quentin Massys et des corporations comme celle des ébénistes pour nous montrer la bible en images ? Comme ça, au moins, moi qui ne sais pas lire un seul mot, je peux quand même connaître l'histoire sainte en regardant les autels.

Son mari ne s'intéressait guère à ce qu'elle disait. Il tournait la tête en tous sens, comme s'il cherchait quelqu'un. Mais, sans se soucier de savoir s'il l'écoutait ou non, la meunière continuait à jacasser :

– Ah ! Qu'est-ce que je suis contente que Jan travaille chez un peintre et contribue à faire des tableaux aussi magnifiques !

Tout en parlant, elle tirait sur les coins de sa coiffe, remettait une mèche de cheveux et arrangeait les plis de son fichu.

– Ce ne sont pas ces merveilleux tableaux qui vont rassasier son estomac, dit le meunier. S'il était devenu meunier comme moi, il gagnerait davantage.

– Ah mais, arrête de penser sans cesse à l'argent ! Jan est si heureux de faire ce métier ! Nous pouvons être fiers de lui. Il travaille avec tant de zèle et de sérieux ! Il a tellement envie d'apprendre à dessiner comme les grands peintres qu'il n'arrête pas de rapporter à la maison des dessins du maître pour les copier.

A cet instant, elle se rendit compte que son mari lui tournait le dos.

– Mais où est-il donc ? Il n'était pas près de toi ?

– J'ignore ce qu'il fabrique, grommela son mari d'un air contrarié.

Pendant ce temps, la plupart des fidèles avaient déjà quitté l'église. Certains priaient encore à genoux, d'autres mettaient des cierges devant les autels des chapelles latérales. Caché derrière un pilier, je vis le meunier et sa femme se diriger vers la sortie et je les suivis.

V

C'est alors que je vis Jan. Dissimulé dans un renfoncement, il avait attendu le sacristain. Celui-ci entra par une petite porte située à côté de l'autel. Jan alla vers lui et se mit à lui parler avec animation comme s'il cherchait à le convaincre de quelque chose qui lui tenait très à cœur, ou comme s'il avait une requête pressante à laquelle seul le sacristain pouvait répondre.

Celui-ci eut d'abord bien des réticences à l'écouter. Il secouait la tête et haussait les épaules. Mais, comme le fils du meunier insistait, il céda et lui désigna quelque chose le long du mur au fond de la nef latérale gauche. Jan parut satisfait. Il tourna les talons et quitta l'église maintenant quasi déserte.

Je le suivis sans bruit puis le rattrapai devant le portail en feignant la surprise.

– Hé, Pieter ! dit-il.

Je lui rappelai alors que Brigitte lui avait proposé de me faire visiter la ville. Il hésita un peu avant d'accepter. La seule restriction, c'est qu'il devait aller à un rendez-vous important en début d'après-midi. Il me parut changé. J'avais l'impression qu'il avait pris une décision et que cela le soulageait un peu.

Mendiants et invalides se pressaient devant le

portail de la cathédrale. Ils tendaient la main à tous ceux qui sortaient pour demander l'aumône. Ceux qui n'avaient plus de mains, à cause de la lèpre ou pour une autre raison, mendiaient de la voix ou des yeux. Parmi eux, il y en avait beaucoup que j'avais déjà rencontrés le matin. Peut-être me reconnurent-ils mais, quand ils virent à mes vêtements qu'ils n'avaient rien à attendre de moi, ils me laissèrent tranquille.

Cette fois, leur misère me frappa particulièrement du fait de la présence des fidèles sur la place. Il y avait un énorme fossé entre riches et pauvres, entre ceux qui étaient en bonne santé et ceux qui étaient malades, entre gens normaux et malades mentaux.

Comme nous étions pratiquement les derniers à sortir de l'église, nous ne savions pas si les pauvres avaient reçu beaucoup d'argent ou non. Il est certain que de nombreux riches limitaient leur charité à la messe du dimanche.

Jan me raconta plus tard que ces misérables devaient vivre pendant une semaine du produit de leur mendicité. Si cela ne suffisait pas, ils crevaient de faim, à moins qu'un monastère ne les invitât tous à un repas gratuit. Mais cela ne se produisait pas souvent.

Nous franchîmes la haie des mendiants et nous retrouvâmes sur la place où la foule des fidèles s'était éparpillée en groupes pour échanger des nouvelles.

Je ne tardai pas à découvrir Joachim Patinir et sa famille. Ils s'entretenaient avec Quentin Massys et d'autres personnes. Les deux peintres étaient coiffés d'un superbe bonnet de velours rabattu sur l'oreille. Maître Quentin portait également une chaîne en argent avec les insignes de la guilde de Saint-Luc.

Brigitte et Anna se tenaient près de Mme Johanna. Brigitte se retourna juste au moment où j'arrivai et, quand nos regards se croisèrent, je sus qu'elle m'avait cherché. J'ignore ce qui me prit mais, sans hésiter, je m'approchai d'elle et lui demandai à voix basse si nous pourrions nous voir plus tard seul à seul. J'ajoutai que j'avais quelque chose à lui dire qui ne regardait personne en dehors de nous.

– Ce n'est pas convenable, répondit-elle en rougissant.

Je regardais les pointes de mes sabots d'un air gêné. Comment pouvais-je savoir ce qui était convenable et ce qui ne l'était pas ?

– En fin de journée, je dois rendre visite à une cousine malade, me chuchota-t-elle tout à coup. Je passerai par le port.

– Quand ?

– Vers six heures.

– D'accord. J'y serai.

Jan m'avait suivi et avait tout entendu. Il me tira par la manche et m'entraîna à l'écart.

– Ne lui fais pas la cour ! me siffla-t-il à l'oreille. C'est la fille d'un membre de la guilde de Saint-Luc et tu n'es qu'un simple voilier. Ce n'est pas possible. Tu vas faire votre malheur à tous deux.

Mais je n'avais cure de ce conseil.

VI

Pendant que nous nous frayions un chemin à travers la foule des fidèles, Jan me désigna quelques personnes jouant un rôle important dans la ville.

– Celui que tu vois là-bas, avec son nez anguleux, dit-il, et qui vient de saluer maître Quentin, c'est Pieter Gilles, le greffier de la ville qui se nomme également Petrus Aegidius. Il est ami avec l'Anglais Thomas More qui lui a même dédié un livre.

Nous nous dirigeâmes vers l'étroit passage séparant le parvis de l'église de la place du marché. Jan me montra aussi Rodrigo d'Almada, Francesco Pesao et Tommaso Bombelli, le marchand de soie, parce qu'il se souvint qu'on avait parlé d'eux la veille à table.

Peu à peu, les fidèles se dispersaient.

Ceux qui avaient communié étaient affamés car ils étaient à jeun. Les femmes étaient déjà rentrées. Comme toujours, elles avaient dû se dépêcher pour aller s'occuper du déjeuner. Les enfants les avaient suivies.

Il n'y eut bientôt presque plus personne sur la place du marché triangulaire où tant de gens se pressaient la veille. Ma crainte de perdre Jan dans cette foule avait été si intense que je n'avais pas eu le temps de regarder les maisons alentour. Mais, maintenant que la place déserte s'étendait devant moi sous le soleil, je remarquai la splendeur et la richesse des bâtiments, les murs de brique, les nombreuses fenêtres, les hautes façades se terminant par des créneaux en forme d'escalier et les enseignes dorées des pignons.

Jan m'expliqua que la plupart de ces maisons appartenaient aux corporations ou aux guildes ; chaque corporation mettait son point d'honneur à avoir le bâtiment le plus magnifique, et chacun portait le nom de l'enseigne reproduite sur le pignon.

– A l'Ange, Au Mouton, Au Marin, Au Miroir, énuméra-t-il en montrant les maisons correspondantes.

– Et la maison de la guilde de Saint-Luc, où est-elle ? lui demandai-je.

Il me conduisit jusqu'à un bâtiment situé au coin d'une ruelle.

– La voilà, dit-il. Ils l'appellent « Au Manteau Coloré ».

Et il me raconta que les peintres avaient choisi Saint-Luc comme patron parce qu'on rapporte que c'est lui qui a peint le premier tableau représentant la Vierge.

– Y es-tu déjà entré ?

– Une seule fois. C'était il y a deux ans, au mois d'août, quand les peintres ont invité Albrecht Dürer à déjeuner le jour de la Saint-Oswald. J'ai pu aider à dresser la table avec toute l'argenterie, et plus tard j'ai aussi aidé à servir, dit-il. Quand maître Albrecht est arrivé en compagnie de sa femme Agnès et de sa servante Susanne, les citoyens lui ont fait une haie d'honneur. Les maîtres de la guilde se sont prosternés devant lui, comme devant un grand seigneur, et ils l'ont assuré qu'ils feraient de leur mieux pour rendre son séjour dans la ville aussi agréable que possible. Ensuite, alors que tous s'étaient assis, le syndic de la ville s'est levé. Il a prononcé un discours en son honneur et lui a fait remettre, au nom du magistrat, quatre pichets de vin. Le charpentier lui a offert du vin également. Ils ont fait fête à maître Albrecht jusque tard dans la nuit puis, munis de leurs lanternes, ils l'ont raccompagné en un long cortège jusqu'à son logement.

– Son logement ? demandai-je. Où était-ce donc ?

– A l'auberge de Jobst Plankfeldt dans la Wolstraat. C'est la rue où habitent les marchands de laine. C'est là qu'il était descendu, et c'est là que maître Joachim m'a envoyé quand il le lui a demandé.

– Pourquoi avait-il besoin de toi ?

– Je devais broyer des couleurs et apprêter un certain nombre de petits tableaux. Il voulait peindre, et pas seulement dessiner au crayon ou au fusain. Ah, soupira Jan, à cette époque, j'avais l'impression d'être le garçon le plus heureux de la terre.

Pendant cette conversation, nous avions descendu une étroite ruelle. Jan me montra la somptueuse maison en grès que les bouchers venaient de faire construire, et l'ancienne Bourse où les marchands se rencontraient pour acheter ou vendre leurs produits. Mais, quand je voulus tourner dans une petite rue, il me saisit par le bras et m'entraîna plus loin.

– Qu'est-ce qui se passe ? lui demandai-je.

– Rien de bon pour nous, dit-il. Les femmes qui habitent ici, c'est seulement pour les marins.

En allant au port, nous passâmes devant bon nombre d'auberges et de tavernes. Une enseigne était accrochée au-dessus de chaque porte. C'étaient des personnages ou des objets peints sur du fer-blanc. Ils permettaient aux clients ne sachant pas lire de repérer facilement les débits de boissons. Ici, un cygne doré était entouré de guirlandes, un peu plus loin un maure invitait les gens à entrer, un postillon soufflait dans son cor, en face de lui, un petit agneau se balançait, un bœuf gonflait ses naseaux, tandis que, deux maisons plus loin, un cerf blanc exhibait ses bois magnifiques.

VII

Il régnait une si forte odeur de poisson et de viande grillée, mais aussi de gâteaux sucrés et autres friandises, que l'eau me vint à la bouche et que mon estomac se mit à gargouiller. Heureusement, il en était de même pour Jan.

– As-tu déjà mangé des crêpes au lard et au sirop ? me demanda-t-il.

Je répondis par la négative et Jan m'invita à l'accompagner dans une taverne. Je n'avais pas le choix et, poussé par la faim, je le suivis.

Jan dit à l'aubergiste ce que nous voulions manger.

Pendant que nous attendions et que Jan observait les autres clients, je remarquai pour la deuxième fois à quel point il avait changé. L'expression tourmentée, qu'il n'avait cessé de porter comme un masque jusqu'à aujourd'hui, avait disparu.

Mais j'avais beau me creuser la tête, je ne trouvais rien qui pût expliquer un tel changement. En dehors du fait que, après sa conversation avec le sacristain, il avait parlé d'un rendez-vous en début d'après-midi, rien d'extraordinaire ne s'était produit, en tout cas pas à ma connaissance. Si je voulais avancer dans l'élucidation du mystère, il ne fallait donc pas quitter Jan des yeux.

Quand l'aubergiste posa les crêpes devant nous, j'étais si affamé que j'imitai Jan sans hésiter : je versai le sirop sur le lard et me mis à dévorer le tout. Je n'avais jamais rien mangé d'aussi bon.

Nous mangions avec les doigts, comme tout le monde d'ailleurs. Le sirop sucré nous coulait sur les mains et nous n'arrêtions pas de sucer nos doigts, faisant claquer la langue dans notre hâte. Nous eûmes bientôt le visage couvert de sirop, ce qui fit sourire les hommes aux tables voisines, et nous nous dépêchâmes de nous essuyer avec la manche.

– As-tu envie d'une bière ? me demanda Jan.

Comme j'avais la bouche trop pleine pour dire non, Jan appela l'aubergiste et lui commanda deux bières.

– Tu es un chic type, dit-il au bout d'un

moment. Je suis content que tu viennes faire ton apprentissage chez nous. Maître Joachim est un bon professeur.

Je repensai alors tout à coup à la feuille égarée avec les quatre saint Christophe.

– Au fait, as-tu retrouvé le dessin de maître Albrecht ? lui demandai-je en prenant une gorgée, bien que la bière ne fût guère à mon goût.

C'est alors que le masque réapparut. Il pâlit et ses yeux inquiets se mirent à errer dans tous les sens comme s'il se sentait poursuivi. J'avais l'impression que ma question lui avait rappelé quelque chose qu'il aurait préféré oublier à tout jamais.

– Qu'est-ce que ça peut te faire ! grogna-t-il avec mauvaise humeur. Il l'aura posé je ne sais où. Il finira bien par le retrouver – tôt ou tard.

Quelque part dans ma tête, l'idée s'ancra que la disparition de ce dessin n'était pas normale. Mais quel rapport cela avait-il avec le mort ? Un Français n'était-il pas venu voir Joachim Patinir ? N'avait-il pas montré un intérêt particulier pour ce dessin ? Je me demandais si le fils du meunier n'avait pas des soucis d'argent et s'il n'avait pas pris ce dessin pour le vendre à cet homme. Cela expliquerait la violence de sa réaction chaque fois que cette question était abordée. En tout cas, il cachait quelque chose et il fallait absolument que je découvre quoi. En effet, je commençais déjà à considérer Jan comme un ami et je n'arrivais pas à croire qu'il pût avoir quelque rapport que ce fût avec la mort brutale d'un homme. J'aimais Jan et mon affection pour lui était plus forte que la crainte qu'il pût être un assassin.

Mais comment maître Joachim avait-il pu savoir tout cela ? Je m'étais encore trop peu intéressé à cette question. Avait-il vraiment eu une vision ?

Si mes suppositions étaient exactes et si le Français était bien ce Michel Leloup dont avaient parlé Joachim Patinir et Quentin Massys au cours du déjeuner, alors, hier, maître Joachim n'était pas encore au courant de sa mort, sinon il l'aurait dit à Quentin Massys. J'avais pourtant vu le tableau achevé pendant la nuit.

Tout cela ne faisait qu'embrouiller davantage l'écheveau. Et dire que j'avais eu l'impression d'approcher de la solution !

VIII

– Hé, ne t'endors pas !

Jan me heurta du pied, ce qui me fit sursauter. Pendant tout ce temps, je n'avais fait que fixer la table d'un air absent. Je constatai avec joie que la morosité avait quitté son visage. Pareille à un nuage noir poussé par le vent, elle avait obscurci le paysage mais, maintenant qu'elle avait disparu, tout semblait plus lumineux qu'avant.

La bière lui avait délié la langue. Il me raconta blagues et anecdotes, et me parla de ce fantôme qui aimait particulièrement jouer des tours aux ivrognes. Il évoqua son enfance et la dureté avec laquelle son père l'avait souvent traité. Dès l'âge de huit ans, il avait dû porter des sacs si lourds que le dos lui faisait mal. S'il avait pu devenir apprenti chez maître Joachim, c'était uniquement grâce à sa mère. Elle avait tant fait la vie à son mari qu'il avait fini par céder.

En l'écoutant, je dus faire un énorme effort sur moi-même pour ne pas lui poser de questions à propos du dessin égaré et de sa peur face à Willem.

La cloche sonna deux heures et il se souvint de son rendez-vous.

– Je dois y aller, dit-il en passant ses mains dans ses cheveux comme pour les arranger. Gabriel m'appelle.

– Gabriel ?

Je devais avoir l'air passablement ahuri car il éclata de rire.

– Tu ne sais pas qui est Gabriel ?

– Non. Comment le saurais-je ?

– Ah, soupira-t-il d'un air désespéré. On voit

bien que tu viens de très loin ! Gabriel, c'est le nom de la grande cloche de la cathédrale. On peut l'entendre de très loin.

– Ah bon, dis-je. Comment aurais-je pu le savoir ? C'est le genre de choses qu'il faut m'expliquer.

Je me souvins alors des cloches de l'Ave que j'avais entendues deux jours auparavant alors que je me trouvais très en amont.

Jan se leva et paya les consommations pour nous deux avec une seule pièce de monnaie. Puis nous quittâmes la taverne.

– A quelle heure est ton rendez-vous ? demandai-je de la façon la plue ingénue possible pour ne pas éveiller sa méfiance.

– A trois heures à Notre-Dame, dans la cathédrale, répond-il sans réfléchir.

Mais il s'effraya aussitôt, conscient d'en avoir trop dit.

– Et toi, que vas-tu faire ?

– Je vais chercher un voilier. Peut-être qu'on aura besoin d'un aide.

Bien qu'ignorant ce qu'il adviendrait, j'étais fier d'avoir trouvé un prétexte aussi plausible.

– Il est possible que les capitaines des caraques endommagées aient du travail pour toi, proposa-t-il, content de pouvoir changer de sujet. Ils ont certainement perdu des voiles dans la collision.

– C'est une bonne idée, dis-je. Mais je vais d'abord t'accompagner à ton rendez-vous.

Cela ne l'arrangeait pas du tout, mais il ne savait manifestement pas comment se débarrasser de moi.

Nous avions encore un peu de temps. Nous longeâmes donc quelques ruelles et traversâmes le marché aux grains. Tout en flânant, nous parlions de choses et d'autres. Je lui demandai s'il avait une amie. Il me regarda alors d'un air complètement ébahi :

– Tu veux dire, une fiancée ?

– Oui, bien sûr.

– Mon père aimerait bien que je prenne pour femme la fille d'un autre meunier, m'expliqua-t-il alors. Elle apporterait une bonne dot dans le mariage. Mais je ne veux pas d'elle. Elle est grosse et laide.

– Est-ce que tu aimes Brigitte ?

Quelle idée de lui poser cette question ! Le masque recouvrit son visage et je retrouvai cette expression fermée que je connaissais bien. Il ne répondit pas, mais il était évident qu'il aimait Brigitte, suivant en cela l'exemple de Quentin Massys qui avait exprimé avec tant de bonheur le lien entre l'amour de la femme et celui de la peinture.

Au bout d'un moment, il dit :

– Je m'en vais. Tu n'as pas besoin de m'accompagner plus loin.

Pas un mot d'adieu ni d'au revoir. Pas un mot concernant le fait que nous nous reverrions quand je commencerai mon apprentissage chez maître Joachim. Rien, rien, rien.

Il se sauva si vite qu'il avait déjà disparu au coin de la rue avant que j'aie pu me remettre de ma surprise.

IX

Je savais cependant où il avait rendez-vous et à quelle heure. Je pris donc mon temps et continuai à flâner le long des ruelles désertes et ensoleillées. J'examinais les maisons, songeant aux nombreuses destinées qu'elles abritaient. Et comme la grande tour de la cathédrale restait toujours visible au-dessus des toits, je n'avais pas peur de m'égarer.

Mais je fus effrayé quand j'entendis sonner la grande cloche. Je me mis à courir et, quand je me retrouvai devant le grand portail, personne n'était en vue. Le portail était fermé, bien sûr. J'aurais dû y penser. Je contournai l'église et tentai ma chance aux portes latérales. Au moment où j'allais abandonner, je découvris une petite porte qui n'était pas fermée.

Je me glissai à l'intérieur. Mon cœur battait à tout rompre, et je dus m'arrêter pour reprendre haleine. A aucun moment il ne me vint à l'esprit que Jan avait pu rencontrer quelqu'un devant l'entrée et partir ensuite avec lui. Une fois que mes yeux se furent accoutumés à la pénombre, je regardai autour de moi. Pas la moindre trace du fils du meunier. Le Christ était toujours sur sa croix sur le grand retable, les cierges brûlaient sur l'autel, les piliers élancés soutenaient l'énorme voûte. Traversant les vitraux, les rayons du soleil faisaient des taches colorées sur le pavage.

A un moment, je crus entendre du bois craquer.

Mais ce devait être une erreur. Tout était silencieux. Soudain, la porte de la sacristie s'ouvrit et le prêtre entra, vêtu d'un habit noir tout simple.

Me faufilant jusqu'à un pilier pour ne pas être découvert, je le vis se diriger vers l'allée latérale gauche, et il disparut derrière des colonnes. Ensuite, et encore plus distinctement qu'auparavant, j'entendis à nouveau du bois craquer.

Je me glissai dans cette direction et découvris le long du mur une rangée de statues entre lesquelles étaient placés des confessionnaux. L'un d'eux avait son rideau tiré. Sans hésiter, je me cachai deux confessionnaux plus loin parce que le plus proche me semblait trop dangereux et qu'on aurait pu peut-être m'entendre respirer. Bien que le bois se mît à gémir quand je m'assis sur le banc, ni Jan ni l'ecclésiastique ne semblèrent s'en apercevoir. Je tirai le rideau le plus doucement possible.

X

Je savais que mon dessein était condamnable. J'étais en train d'espionner le fils du meunier qui s'était comporté en véritable ami à mon égard, et tout cela pour savoir ce qui pesait sur sa conscience et pourquoi il se cachait derrière un masque exprimant la peur et la culpabilité. J'essayais de me persuader que c'était peut-être un moyen de l'aider, mais ma véritable raison était la curiosité et je n'oubliais pas que, si j'étais là, c'était pour élucider le mystère du tableau de Joachim Patinir.

J'étais si proche d'eux que je pouvais comprendre ce qu'ils chuchotaient.

– Le Seigneur soit dans ton cœur et sur tes lèvres pour que tu puisses confesser tous tes péchés. *In nomine Patris et Filii et Spiritus Sancti. Amen,* dit le prêtre.

Alors le fils du meunier se mit à parler mais, à

ma grande consternation, si bas que je ne comprenais presque rien.

– Sois sans crainte, mon fils, et soulage ta conscience ! Le Seigneur te pardonnera, comme il a déjà beaucoup pardonné, l'encouragea l'ecclésiastique.

Jan prit son courage à deux mains et éleva un peu la voix, si bien que je pus en comprendre davantage.

– Je suis à bout, je ne peux plus supporter de porter seul le fait qu'un homme est mort par ma faute. Il est mort par ma faute, mais je ne l'ai pas tué de mes propres mains, dit-il.

– Il faut que tu m'expliques cela en détail, mon fils, dit le confesseur.

Et j'appris ainsi pourquoi le fils du meunier se sentait coupable.

– Vous savez sans doute, commença-t-il, mais il baissa la voix à nouveau et beaucoup de mots m'échappèrent.

Je pouvais cependant deviner de quoi il était question et je reproduis maintenant ses paroles complétées par moi :

– Vous savez sans doute que je travaille chez un maître de la guilde de Saint-Luc. J'aimerais beaucoup devenir peintre moi-même et, comme j'ai remarqué que mon maître utilisait souvent les dessins des autres comme modèles pour ses personnages, je n'ai pas eu scrupule à emporter de temps à autre des dessins chez moi pour les copier et m'exercer. Après, je les rapporte toujours.

– Ton maître est-il au courant ?

– Non. Je n'ai pas eu le courage de le lui demander. En vérité, je ne suis qu'un valet et non un élève.

– Continue ! l'exhorta le prêtre, voyant que Jan se taisait.

– Je ne sais pas si vous avez appris que le célèbre Albrecht Dürer a séjourné dans notre ville l'an passé ?

– J'en ai entendu parler en effet, dit le prêtre.

– Il avait beaucoup de contacts avec mon maître, ce qui fait que j'ai eu la chance de l'aider à plusieurs reprises. Maître Albrecht assista au mariage de mon maître et, peu après il lui offrit une feuille de papier gris où il avait dessiné quatre saint Christophe. Ces dessins étaient réalisés d'une main très sûre et avec une sensibilité dont seul maître Albrecht est capable...

– Venons-en au fait, mon fils !

La voix du prêtre trahissait un certain manque d'intérêt et une grande lassitude.

– Quand maître Joachim nous a montré ce dessin, j'ai aussitôt décidé de l'emporter chez moi à la première occasion pour le copier. Mais mon projet a été contrecarré, car maître Joachim, contrairement à ses habitudes, mit le dessin sous clé.

Peu de temps après, il a commencé un tableau qu'il nous a également dissimulé, et j'ai immédiatement supposé qu'il se servait du dessin de maître Albrecht comme modèle. Toujours est-il que je l'ai retrouvé dans l'atelier il y a quelques jours, parmi d'autres esquisses, et j'en ai conclu que maître Joachim n'en avait plus besoin. Jeudi vint enfin l'occasion tant attendue. Vous savez qu'il y a eu vers midi un attroupement devant la maison d'un luthérien et que, peu après, le tocsin s'est mis à sonner. Cela a causé un grand désordre. Guy, Jacques et Lucas, qui travaillaient dans la même pièce que moi, sont sortis en courant pour s'informer de la raison de tout ce vacarme. Au même moment, maître Joachim parcourait l'atelier en compagnie d'un homme que je ne connaissais pas. Il examinait les tableaux en partie inachevés. D'un air dégagé, j'allai droit à la pile sous laquelle se trouvait le dessin de maître Albrecht, et l'ai pris.

Malheureusement, je ne me suis pas rendu compte que l'inconnu m'avait vu. J'ai fourré le dessin sous mon pourpoint, ce qui était fort imprudent, mais qui jusqu'ici m'avait toujours réussi. Je ne voulais pas voler ce dessin, mais seulement le copier et, comme d'habitude, le rapporter.

Jan s'interrompit à nouveau. J'avais mal aux jambes à force de rester à genoux, aussi me levai-je un court instant, mais le craquement du banc m'effraya tant que je repris cette position.

– A deux pas de chez moi, je me suis aperçu que l'inconnu m'avait suivi, poursuivit Jan. Il m'a rattrapé peu avant d'atteindre le moulin et m'a demandé de le laisser au moins jeter un coup d'œil sur la feuille. Il m'a expliqué qu'il était un grand amateur d'art. J'étais épouvanté d'être ainsi démasqué mais, après quelque hésitation je lui ai montré quand même le dessin. J'ai senti aussitôt qu'il ferait tout pour l'avoir en sa possession. J'ai tenté de le lui reprendre, mais je n'y suis pas parvenu car il a fait quelques pas en arrière. Heureusement, à cet instant mon père est sorti de la maison car il nous avait observés de l'intérieur. Il n'a fait ni une ni deux et a sommé sèchement l'inconnu de me rendre la feuille immédiatement. Le ton n'a pas tardé à monter et la situation a dégénéré. Dans sa fureur, l'inconnu nous lançait des insultes. Il nous traitait de « crétins » et d'« assassins » et il a tiré un couteau de sa ceinture. Mon père et moi étions sans armes. Nous avons tenté de le retenir, avec succès. Il lui était d'ailleurs difficile de se défendre car il tenait le dessin d'une main et le couteau de l'autre. Quand nous l'avons cru calmé, nous l'avons lâché mais il a malencontreusement perdu l'équilibre. Il a trébuché, est tombé par terre et s'est empalé sur la lame de son couteau qui lui est entrée dans le flanc.

– Quelle horreur ! dit le prêtre épouvanté. Que s'est-il passé ensuite ?

– Tout d'abord, nous avons été, mon père et moi, comme paralysés. L'homme se roulait par terre à nos pieds en râlant. Le sang coulait à flot de sa blessure et souillait le dessin auquel il s'agrippait encore. Nous avons tenté de le secourir, mais il n'a pas tardé à rendre l'âme. Après s'être remis de sa frayeur, mon père l'a saisi par les pieds et traîné jusqu'au hangar pour le cacher et gagner du temps. Il nous fallait maintenant réfléchir à ce que nous allions faire.

Epuisé, Jan se tut un moment. Il ne poursuivit sa confession que quand le prêtre l'y invita.

– Nous avons d'abord fouillé le cadavre et trouvé une lettre dont nous n'avons pu comprendre le contenu car elle était écrite en français. Supposant qu'elle pourrait servir à identifier l'homme, nous l'avons brûlée. Plus tard, mon père a décidé que nous devions éloigner le cadavre. Après la tombée de la nuit, nous l'avons traîné le long d'un sentier qui descendait jusqu'au fleuve. Là, dans une petite crique, était amarrée une barque qui nous servait d'habitude à gagner l'île. Mon père était d'avis que nous devions jeter le cadavre à l'eau très en amont. Il fallait s'éloigner le plus possible de chez nous et faire en sorte qu'on trouve le cadavre avant même que le courant ait pu le faire dériver jusqu'à hauteur du moulin. Cela écarterait les soupçons, car si on se mettait en quête d'un suspect, ce serait en amont. Je voulais aider mon père, mais il m'ordonna de rentrer et de l'excuser auprès de ma mère sans l'informer du terrible accident. « Il vaut mieux qu'elle ne l'apprenne que plus tard », dit-il. Je l'aidai à mettre le cadavre dans la barque et, avant qu'il ne s'éloigne de la rive, je repris le dessin.

– Nous aurions dû le brûler lui aussi, dis-je. C'est une pièce à conviction.

– Jette-le à l'eau ! m'ordonna mon père, mais je le retournais dans tous les sens sans pouvoir me décider. Le sang de l'inconnu l'avait complètement abîmé. Je m'en étais déjà rendu compte quand il faisait encore jour. Même à la lumière, on ne voyait plus les traits de plume. Soudain, je le glissai sous la ceinture du mort. Le courant allait de toute façon effacer ce qui restait du dessin, mais c'était pour moi une manière de m'excuser auprès de cet inconnu car je lui accordais ainsi ce qu'il avait tant convoité.

J'ai dit à ma mère que mon père avait été appelé chez un voisin qui avait un besoin urgent de son aide pour une vache en train de vêler. Quand il est rentré, à l'aube, complètement crotté, ma mère n'a pas posé de questions, sachant bien que la naissance d'un veau n'est pas une mince affaire. Mon père lui a tout raconté un peu plus tard.

Le lendemain, je me sentais si mal que je n'allai pas travailler. En début d'après-midi, un horrible individu à l'œil torve a traversé la cour du moulin. Il a échangé quelques mots avec mon père et lui a demandé s'il savait que des espions français rôdaient dans la région. Je me suis souvenu beaucoup plus tard que je l'avais déjà rencontré plusieurs fois et qu'il travaillait comme valet dans un monastère. Il a raconté à mon père qu'il avait vu un de ces espions, mais qu'il était mort. J'appris ainsi qu'on avait trouvé le cadavre. Depuis, je n'ai pas eu une minute de tranquillité car je me sens responsable de sa mort. Si je n'avais pas pris ce dessin, il ne m'aurait pas suivi, nous ne nous serions pas querellés et il ne serait pas tombé sur la lame de son couteau.

Et Jan conclut sa confession en poussant un profond soupir.

– Que Dieu tout-puissant aie pitié de toi. Qu'il te délivre de tes péchés et te conduise à la vie éternelle. Amen.

Puis le prêtre ajouta en latin :

– *Ego te absolvo a peccatis tuis, in nomine Patris et Filii et Spiritus Sancti. Amen.*

Supposant que la confession allait se terminer, je me levai rapidement et m'éclipsai pour ne pas être découvert.

XI

Quatre heures sonnaient quand je quittai l'église.

Sans savoir où j'allais, je traversai la place du marché et me dirigeai vers le port. Je n'accordai pas un seul regard à la forteresse et ne m'intéressai pas davantage aux navires endommagés. Arrivé au débarcadère, je m'assis sur une bitte d'amarrage et me mis à réfléchir.

J'étais complètement bouleversé. La confession de Jan avait été pour moi une surprise totale et elle avait définitivement levé le voile. Si Jan n'était pas un assassin, il était quand même en partie responsable de la mort d'un homme. Bien que Willem m'eût longtemps paru suspect, j'avais compris depuis sa conversation avec les deux moines qu'il n'avait rien à voir dans cette affaire. L'identité du mort était désormais claire : il s'agissait du Français Michel Leloup, qui se faisait appeler Michel Van Wulfen aux Pays-Bas. Il était mandaté par le comte Louis-Philippe de la Roche-Guyon, riche collectionneur, pour acheter des œuvres de Dürer. Il avait appris que maître Albrecht s'était lié d'amitié avec Joachim Patinir pendant son séjour à Anvers et que celui-ci s'était vu offrir au moins un dessin sinon davantage. Le hasard avait fait que, lors de sa visite chez maître

Joachim, ce Français avait vu l'un des valets glisser une feuille sous son pourpoint. Expert en la matière, il avait dû reconnaître le papier gris que Dürer utilisait souvent pour ses esquisses.

Les aveux de Jan m'avaient appris que le papier glissé sous la ceinture du mort était le dessin d'Albrecht Dürer, d'abord souillé de sang puis détrempé par l'eau du fleuve. Quelle pénitence le prêtre lui avait-il prescrite après sa confession ? Je l'ignorais. Avait-il dû réciter dix Notre-Père ? Et encore dix Ave Maria ? Ou lui avait-il simplement vendu une indulgence ?

Le seul élément encore mystérieux était le tableau de maître Joachim – celui où il avait représenté au premier plan saint Christophe faisant traverser le fleuve à l'enfant Jésus, tandis que se déroulaient en arrière des événements dont j'essayais de percer le mystère. Pour peindre saint Christophe, Patinir avait dû se servir d'un des dessins de Dürer. Pour le reste, il avait dit à Quentin Massys l'avoir rêvé.

Je me demandais s'il était possible de voir en rêve un événement qui se produirait plusieurs mois plus tard, mais je ne pus apporter de réponse à cette question. Toutefois, j'avais souvent entendu dire que l'on pouvait avoir des prémonitions. Je réfléchis longtemps à ce problème, sans trouver d'explication.

Pendant ce temps, le vent avait forci. Une

odeur de poix, de bois humide, de varech et de poisson emplissait les ruelles de la ville. A l'ouest, le soleil déclinait lentement vers la mer. D'épais nuages couraient dans le ciel, et les montagnes devenaient floues dans la brume de cette fin d'après-midi. Les navires amarrés au port se balançaient doucement au gré des vagues. De temps à autre, on entendait le bruit d'une vergue claquant contre un mât, ou un matelot lançait à l'eau un seau en bois fixé à un cordage et le hissait aussitôt.

Tous ces bruits étaient dominés par le chœur interprétant les chansons de Josquin Desprez.

Ces voix me parvenaient de tous côtés. Tantôt derrière moi, tantôt au-dessus de moi, parfois même devant moi, elles m'enveloppaient littéralement. Elles me rappelaient que j'avais rempli la mission que je m'étais fixée. Elles me faisaient penser aussi à Brigitte.

Je suivais du regard les nuages qui passaient dans le ciel en me disant que le vent et la musique vivent grâce au mouvement. Il en est de même pour le temps. S'arrêter, cela signifie mourir. Et la mort, c'est le sommeil sans fin et sans rêves.

Soudain, j'aperçus Brigitte. Elle franchissait la porte de la ville qui menait au débarcadère et portait un panier au bras. Elle avait un nouveau foulard dans son corsage. Ses longs cheveux dorés tombaient sur ses épaules.

Je la regardais venir vers moi et je m'aperçus qu'elle se réjouissait autant que moi de notre rencontre. Je vis aussi le vent jouer dans sa chevelure et je l'entendis fredonner :

Le grillon est un bon chanteur
Qui tient longtemps la note.
La grillon... le grillon...
Tralalala..
La grillon ne chante que l'amour.

C'était la troisième fois que quelqu'un interprétait une chanson émise au même moment par la cassette de mon magnétophone. La musique de maître Josquin n'avait cessé de m'accompagner. Parfois, elle avait été portée par le vent ; à d'autres moments, j'avais l'impression qu'elle se confondait avec le gazouillis des oiseaux ou avec le murmure des feuilles.

C'était la troisième fois que je l'entendais chanter par une voix humaine.

« Tu peux formuler trois vœux », disait le magicien. « Tu dois accomplir trois missions », exigeait la princesse de son amoureux, et les meuniers des contes de fées avaient souvent trois fils. Cela avait-il une signification ?

– Te voilà, Pieter ! dit Brigitte en souriant.

– Te voilà, Brigitte ! répondis-je.

Je ne sus rien dire d'autre, et pourtant j'avais préparé tant de belles choses. « Je t'aime », avais-je voulu lui dire. « Tu as des cheveux magnifiques, et tes yeux ont la couleur de l'eau comme dans les tableaux de ton père. Je t'aime, Brigitte. Restons ensemble ! »

Mais je ne prononçai pas un seul mot.

Et, soudain, j'eus l'impression que la lumière du soir explosait. C'était comme si on avait donné un violent coup de poing dans une feuille de papier tendue. Tout fut plongé dans le noir et un silence effroyable bourdonnait dans mes oreilles, uniquement rompu par la voix de ma mère :

– Bonté divine, Peter, qu'est-ce qui se passe ? Eteins donc ce maudit appareil !

Mais elle l'avait déjà fait elle-même.

XII

Personne ne peut imaginer combien le choc fut terrible pour moi quand ma mère arrêta le magnétophone. J'étais allongé sur mon lit. Les volets étaient encore fermés. Le mur en face de mon lit était plongé dans l'obscurité car la chaleur de l'ampoule du projecteur avait fait fondre la diapositive. Le ventilateur était aussi tombé en panne, mais il y avait toujours le bol rempli d'algues. J'avais à nouveau mes vêtements habituels et ma mère supposait manifestement que je m'étais endormi en écoutant de la musique.

Plus tard, elle me raconta qu'elle avait rencontré le concierge dans l'escalier. Il lui avait dit que depuis son départ la musique n'avait pas cessé. Toujours la même, jour et nuit.

– Toujours cette musique rock ! maugréa-t-elle.

En fait, comme si souvent, elle n'avait même pas écouté de quel type de musique il s'agissait avant d'appuyer sur le bouton.

Quand ma mère vit que je n'avais pas touché à ce qu'elle avait préparé dans la cuisine, elle comprit que j'étais resté deux jours entiers sans manger. Elle en fut effrayée, et je me rendis compte qu'elle cherchait désespérément une explication à tout cela. Je la laissai à ses conjectures car elle n'aurait, de toute façon, pas compris la vérité. Personne ne pouvait me croire. Personne.

Car moi-même, je trouvais invraisemblable d'avoir pu me transporter dans le tableau à l'aide d'une diapositive, de la musique de Josquin et de quelques autres éléments.

XIII

Je ne tardai pas à me rendre compte que j'avais beaucoup changé. Sans le vouloir, je comparais sans cesse ma vie actuelle à celle des gens d'il y a plus de quatre cents ans. Aucune n'avait ma préférence car elles avaient l'une et l'autre leurs avantages et leurs inconvénients. Autrefois, tout comme aujourd'hui, régnaient la guerre et la violence, la faim et la misère. Mais quelque chose m'attirait irrésistiblement vers le tableau. J'avais terriblement envie de parcourir à nouveau le sentier qui menait à la ville, même s'il fallait me cacher des mercenaires. En pensée, je parcourais les ruelles d'Anvers, je rencontrais les paysans se rendant au marché et les femmes aux coiffes empesées, leur panier au bras. Je voyais aussi devant moi la maison de maître Joachim, l'atelier, Jan et, bien sûr, maître Joachim lui-même avec son regard perçant. Mais ce que j'évoquais le plus souvent en mon for intérieur, c'était l'image de Brigitte. Je la voyais sans cesse devant moi comme elle m'était apparue la dernière fois : vêtue d'une robe toute simple et d'un corsage avec un fichu blanc, son panier au bras. Je voyais son visage illuminé par le soleil couchant et le vent jouer dans ses cheveux. Et je l'entendais fredonner de sa voix douce la chanson du grillon, puis me dire : « Te voilà, Pieter ! ».

Une nuit, ne pouvant dormir, je me dis que j'avais vécu passivement presque tout ce qui se passait dans le tableau. Je m'étais laissé faire, j'avais attendu que les choses arrivent, j'avais espionné des conversations et fait des recherches, mais je n'avais jamais influé sur le cours des événements ; il est vrai qu'ils s'étaient produits il y a fort longtemps et que je ne pouvais rien y changer. Cependant, cela n'avait pas été le cas pour Brigitte : j'avais tenté de gagner ses faveurs. Tel un spectateur essayant d'intervenir dans le déroulement d'une pièce de théâtre, j'avais violé les règles du jeu et tout embrouillé.

Jan m'avait bien mis en garde, mais il avait prêché dans le désert.

Je ne voulais pas accepter que la destinée de Brigitte fût d'épouser un brave homme avec lequel elle aurait toute une ribambelle d'enfants. Cette pensée me faisait mal, si mal que je n'arrivais pas à la chasser de mon esprit.

Je cherchai dans mes livres s'il était question de Brigitte. Mais je n'y trouvai qu'une seule information : le troisième enfant de maître Joachim fut encore une fille, du nom de Petronella. Pendant longtemps, j'espérai qu'un chercheur aurait découvert que la fille aînée de Joachim

Patinir avait épousé un jeune peintre autrefois voilier. Mais je ne trouvai rien à ce sujet, ni rien d'ailleurs attestant que son époux était le fils d'un meunier nommé Jan.

Quand la douleur fut moins intense, j'essayai de découvrir comment maître Joachim avait pu savoir des choses qui ne devaient se produire que des mois plus tard.

Un jour – on était déjà en été et les grandes vacances allaient commencer – nous parlâmes en classe de psychologie moderne et des grands analystes. Notre professeur nous expliqua l'origine des rêves et leur signification. Il nous dit qu'il était possible de rêver de choses ne s'étant pas encore produites parce que nous stockons dans notre subconscient des événements dont les conséquences éventuelles ne nous apparaissent souvent qu'en rêve.

Ce fut pour moi une révélation fulgurante et je me mis à examiner le caractère prévisible des événements du tableau. On pouvait prévoir la présence de bandes de mercenaires parce que le conflit entre les Pays-Bas et la France ne pouvait que susciter des échauffourées à proximité des frontières.

On pouvait également prévoir la collision des deux navires parce que le chenal était étroit et que la fierté des capitaines les empêchait souvent de respecter les règles. Jan me l'avait dit lui-même.

Il n'était pas difficile non plus de prévoir qu'un jour ou l'autre un citoyen de la ville se passionnerait pour les thèses de Martin Luther. Chacun était capable d'imaginer comment réagiraient alors ses voisins et l'Inquisition.

Les seuls éléments inexplicables, c'était le mystérieux cadavre, les deux moines retenant le radeau sur lequel il était ligoté, l'homme faisant sécher ses vêtements dans la cabane de l'ermitage et la scène dans la cour du moulin.

Un soir, ma mère m'envoya dans sa chambre pour y chercher quelque chose. Mon regard tomba alors sur la boule de verre posée sur son bureau : elle ressemblait tout à fait à celle que j'avais vue dans le petit atelier de Joachim Patinir. Je l'emportai dans la cuisine et demandai à ma mère à quoi elle servait.

– Mais je t'ai déjà raconté, dit-elle avec mauvaise humeur parce que j'avais oublié de lui rapporter ce dont elle avait besoin. Illy me l'a offerte car elle pense que je fais partie des gens capables de prévoir l'avenir.

– Et tu y es arrivée ?

– Tu parles ! En fait, c'est un problème de concentration. Tu dois t'asseoir devant la boule, concentrer toutes tes pensées et attendre que quelque chose se produise. Et, en plus, il faut y croire. Je dois dire que ça m'est difficile. Illy s'est complètement trompée, je ne suis pas du genre à m'intéresser à ces choses-là. Mais enfin, peut-être que ça viendra et, en tout cas, ça continuera à me servir de presse-papier.

J'eus alors l'intuition que c'était peut-être l'explication du secret de maître Joachim. Avait-il la capacité de voir l'avenir dans une boule de cristal ?

S'il avait mis une boule dans la main de l'enfant Jésus, ce n'était peut-être pas tant pour symboliser le monde que pour signifier qu'il voyait venir des événements épouvantables, sans toutefois les comprendre ni se sentir en mesure de les éviter.

J'étais satisfait de cette explication mais, quand l'été toucha à sa fin et que les arbres virèrent au jaune et au rouge, quand les iris du parc se fanèrent et que leurs feuilles retombèrent dans l'eau où elles se mirent lentement à pourrir, une grande inquiétude m'envahit.

Au printemps, quand Guy et Jacques partiraient, est-ce que maître Joachim allait m'attendre ?

J'avais insisté pour être son élève mais j'étais dans l'impossibilité de commencer mon apprentissage car la diapositive était détruite. Il ne me restait que le livre où le tableau était reproduit, et le magnétophone.

A table, assis en face de ma mère, je gardais le silence. Elle me demandait sans arrêt si j'étais malade. Je n'avais aucune envie de manger et pensais en permanence à Brigitte. A elle et à personne d'autre. Quand l'hiver est arrivé avec ses sombres journées, j'ai cru parfois que je ne pourrais plus supporter la situation et que j'allais devenir fou. C'est pourquoi j'ai commencé ce récit. Il était censé m'aider à surmonter le passé. Je me suis efforcé d'être aussi précis que possible, j'ai essayé de ne rien oublier de rien ajouter, mais de tout raconter comme je l'avais vécu, sans omettre ce que j'avais pensé et éprouvé. Mais, maintenant que j'ai terminé, je me retrouve dans ma chambre en proie aux mêmes obsessions. J'espère que mon état va s'améliorer mais je comprends très bien que des hommes comme le poète Lenz ou le peintre Van Gogh aient un jour perdu la raison à force de ruminer sans cesse les mêmes pensées.

Épilogue

Le manuscrit s'interrompait sur ces mots. Je ne peux pas dire qu'il se terminait car cela ressemblait plutôt à une interruption, et j'ai le sentiment qu'il aurait dû y avoir une suite. Dans les dernières pages, l'écriture avait changé. Les lettres étaient moins nettes, la distance entre les lignes n'était jamais la même et les fautes s'accumulaient. On avait l'impression que l'auteur se moquait complètement de l'effet produit par son histoire.

J'avais passé la moitié de la nuit à lire ce manuscrit car il m'avait été impossible de m'arrêter. Toute cette histoire me bouleversait, mais je ne savais que faire.

Au moment où j'allais reposer le dernier cahier, il me glissa des mains, tomba par terre et s'ouvrit à l'une des dernières pages. Quelqu'un y avait collé un bout de papier. C'était un message. J'ignore s'il m'était destiné.

En voici le contenu :

Il serait souhaitable que ce récit soit publié. Il pourrait dissuader ceux qui ont de semblables projets, il pourrait aussi tomber entre les mains de mon fils Peter et me le ramener.

Après avoir passé l'hiver dans un état d'extrême dépression, j'eus l'impression qu'il allait mieux car il se mit à aller tous les jours au parc. Il se rendait uniquement au petit étang. Là, il s'asseyait sur un banc et semblait contempler les fleurs ou fixer l'eau dans l'attente de quelque chose. C'est ce que m'ont raconté plus tard des gens qui le rencontraient régulièrement.

A Pâques, il refusa pour la première fois d'aller dans le Midi avec son père. Il préférait aller à Anvers, mais il ne dit pas pourquoi précisément dans cette ville. Son père s'y refusa. Puis, à la fin du mois de mai, Peter ne revint pas de sa promenade dans le parc. Je ne m'inquiétai pas trop au début, espérant qu'il avait dormi chez un camarade mais, comme il n'est pas rentré le lendemain non plus, j'ai signalé sa disparition à la police.

En fouillant dans sa chambre, j'ai trouvé ce récit et j'ignore ce que je dois en penser.

Je ne sais pas où il a pu aller car il n'a presque rien emporté. Tout ce qu'il aimait est resté là, sauf son livre sur le peintre Joachim Patinir et son magnétophone.

Almada, Rodrigo Fernandez d' : facteur (délégué commercial) portugais à Anvers de 1521 à 1550.

Bombelli, Tommaso : riche marchand de soieries de Gênes. Il était le trésorier principal de l'archiduchesse Marguerite et l'un des meilleurs amis de Dürer à Anvers.

Bosch, Jérôme : peintre flamand. Né vers 1450 à Bois-le-Duc, il épousa une femme issue de la noblesse, ce qui assura son indépendance. Il mourut le 9 août 1516 à Bois-le-Duc. Ses tableaux les plus célèbres sont : *Le Jugement dernier, Le Jardin des délices, le Triptyque du chariot à foin.*

Charles Quint : empereur allemand né le 24 février 1500 à Gand. Fils de Philippe le Beau et de Jeanne la Folle. En 1506, il hérita de son père la Bourgogne et les Pays-Bas. En 1516, il succéda à son grand-père Ferdinand le Catholique sur le trône d'Espagne et de Naples. En 1519, il reçut de son grand-père Maximilien Ier les possessions héréditaires des Habsbourg qu'il céda en 1521 à son frère Ferdinand. Le 28 mai 1519, il fut élu empereur du Saint-Empire à Francfort, mais il ne fut couronné qu'en 1530 par le pape Clément VII à Bologne. Il mena plusieurs guerres contre François Ier : 1521-1526, 1527-1529, 1536-1538 et 1542-1544. Grâce aux conquêtes du Mexique (1519-1521) et du Pérou (1532-1533), il fonda l'empire colonial espagnol en Amérique. Fervent catholique, il s'opposa à la Réforme (Edit de Worms, 1521), mais il dut se résigner à signer la paix d'Augsbourg en 1552. En 1556, il abdiqua en faveur de son fils Philippe II et se retira au monastère San Geronimo de Yuste où il mourut le 21 septembre 1558.

Colomb, Christophe : navigateur qui découvrit l'Amérique. Né à Gênes en 1451. Il fut le premier à chercher par l'ouest une route vers les Indes. Il découvrit ainsi le 3 août 1492 une île située au large du continent américain. Il entreprit d'autres voyages en 1493, 1498 et 1502 et mourut le 20 mai 1506 à Valladolid (Espagne).

Cortés, Hernán : général d'armée sous Charles Quint. Né en 1485 à Medellin en Espagne. De

1519 à 1521, il fit la conquête du Mexique et devint gouverneur général de ce nouveau royaume appelé Nouvelle-Espagne. Il mourut le 2 décembre 1547 à Castilleja-de-la-Cuesta près de Séville.

Desprez, Josquin : compositeur et chantre néerlandais. Né vers 1440, probablement à Beaurevoir près de Saint-Quentin. Sans doute élève d'Ockeghem. De 1459 à 1474, chantre à la cathédrale de Milan. A partir de 1476 il servit le cardinal Ascanio Sforza qu'il accompagna à Rome de 1486 à 1499. Il s'établit à Ferrare en 1505. Il mourut le 27 août 1521 à Condé-sur-l'Escaut.

Dürer, Albrecht : peintre allemand né le 21 mai 1471 à Nuremberg. De 1490 à 1494 : compagnonnage à Colmar, Strasbourg et Bâle. Il épousa Agnès Frey en 1494. Voyages en Italie en 1494-1495 et de 1505 à 1507. Voyage aux Pays-Bas en 1520-1521. Il mourut le 6 avril 1528 à Nuremberg. Ses tableaux les plus célèbres sont : *Les Quatre Apôtres* et ses Autoportraits.

Erasme de Rotterdam : humaniste et philosophe. Son véritable nom était Gerhard Gerhards. Né le 28 octobre 1466 ou 1469 à Rotter dam. Il était membre de l'ordre des Augustins et entra au service du duc de Cambrai en 1492. De 1495 à 1499, il étudia à Paris, puis il séjourna aux Pays-Bas et en Angleterre. En 1509 parut l'*Eloge de la Folie* dédié à Thomas More. A partir de 1521, il s'établit à Bâle pour rester en contact permanent avec Froben, l'imprimeur de ses ouvrages. Quand la Réforme triompha à Bâle, il alla à Fribourg, mais il retourna à Bâle en 1535 et y mourut le 12 juillet 1536.

François Ier : roi de France, né le 12 septembre 1494 à Cognac. Il devint roi en 1515. En 1519, malgré le soutien du pape Léon X, c'est Charles Quint, roi d'Espagne, et non lui, qui remporta l'élection au trône impérial. Il ne se remit jamais de cette défaite. De 1521 à 1526 et de 1527 à 1529, il lutta contre Charles Quint et fut fait prisonnier à la bataille de Pavie en 1525. Mais il mena deux autres guerres (1536-1538 et 1542-1544), s'alliant même avec les Turcs contre l'hégémonie de l'Espagne et de la maison des Habsbourg. Il mourut le 31 mars 1547 à Rambouillet.

Gama, Vasco de : navigateur et conquérant, né en 1469 à Sines (Portugal). Pour le compte du roi Manuel du Portugal, il partit de Lisbonne le 8 juillet 1497 afin de trouver la route des Indes. Il atteignit la côte indienne près de Calicut. Il refit ce voyage en 1502 et fut envoyé aux Indes une troisième fois en 1504 où il administra la première colonie portugaise en tant que vice-consul. Il mourut le 24 décembre 1524 à Cochin (Inde).

Garsi da Parma, Santino : joueur de luth et compositeur italien, né le 22 février 1542 à Parme. En 1594, il entra au service du duc de Parme. Il mourut le 17 janvier 1603 à Parme.

Gilles, Pieter : 1486-1533, juriste et greffier de la ville d'Anvers. Ami de Thomas More et d'Erasme de Rotterdam.

Isaac, Henricus : compositeur et musicien du XVIe siècle. Né probablement en 1450 dans le Brabant ou les Flandres orientales. En 1480, Laurent de Médicis le fit venir à Florence pour être le précepteur de ses fils et assumer les fonctions d'organiste. De 1497 à 1514, il fut au service de l'empereur Maximilien comme compositeur de la cour à Innsbruck. A partir de 1515, il résida de nouveau à Florence où il mourut le 26 mars 1517. Ses chansons ont été déterminantes pour l'évolution du chant polyphonique allemand du XVIe siècle. Sa chanson la plus connue est « *Innsbruck, ich muss dich lassen* » (Innsbruck, je dois te quitter).

Isenbrant, Adriaen : peintre néerlandais.

Jacques de Voragine : archevêque de Gênes et auteur de *La Légende dorée (Legenda aurea).* Né vers 1230 à Gênes ou à Varazze en Italie. Il entra en 1244 dans l'ordre des dominicains et alla prêcher de ville en ville. En 1292 il devint archevêque de Gênes et mourut dans cette ville en 1298. Jacques de Voragine fut canonisé en 1816. A part *La Légende dorée,* il a rédigé une *Chronique de la ville de Gênes.*

Lassus, Roland de : compositeur néerlandais né à Mons en 1530 ou 1532. A partir de 1560, il dirigea la chapelle de la cour à Munich. Il est considéré avec Palestrina comme le plus grand compositeur du XVIe siècle. Il mourut le 14 juin 1594 à Munich.

Luther, Martin : réformateur né le 10 novembre 1483. Son père était mineur. En 1505, il fut reçu maître en philosophie de l'université d'Erfurt. Le 17 juillet 1505, ayant fait un vœu, il entra chez les Augustins. Il y fut ordonné prêtre en 1507. De 1508 à 1510, il donna des cours de philosophie et de théologie à Wittenberg et à Erfurt. En 1510 et 1511, voyage à Rome.

De 1513 à 1518, il élabora dans ses cours sa doctrine de la justification par la foi. Le 31 octobre 1517, il affichait ses 95 thèses sur les indulgences sur les portes du château de Wittenberg pour susciter un débat public à ce sujet. En 1519 : dispute de Leipzig (déclaration contre la papauté).

En 1520 furent écrits les trois grands textes de la Réforme. Le 10 décembre 1520, Luther brûla la bulle du pape qui menaçait de l'excommunier. Le 3 janvier 1521, il fut en effet excommunié.

Les 17 et 18 avril 1521, il se défendit devant le diète de Worms et fut mis au ban de l'Empire. La prince-électeur Frédéric le Sage le prit sous sa protection et l'emmena à la Wartburg où il traduisit le Nouveau Testament. En mars 1522, bien qu'excommunié et banni, il rentra à Wittenberg. En 1525, il épousa une ancienne nonne, Katharina von Bora. En 1529, colloque religieux avec Zwingli à Marbourg.

Il mourut le 18 février 1546 à Eisleben et fut inhumé dans la chapelle du château de Wittenberg.

Magellan, Ferdinand : navigateur né vers 1480 à Sabrosa (Portugal). Il entra en 1517 au service du roi d'Espagne. Il quitta Salucar le 20 septembre 1519 avec cinq navires et découvrit le détroit qui porte aujourd'hui son nom en octobre 1520. Il découvrit les Philippines le 6 mars 1521. Il mourut le 27 avril 1521 en combattant contre les populations indigènes de Mactan.

Marguerite d'Autriche : gouvernante des Pays-Bas, née le 10 janvier 1480 à Bruxelles, fille de l'empereur Maximilien Ier. En 1497, elle épousa en Espagne le fils de Ferdinand et d'Isabelle, Juan, qui mourut six mois après les noces. Elle se maria ensuite avec le duc Philippe de Savoie et devint veuve pour la deuxième fois en 1504. En 1506, son père la nomma à la fois régente de Bourgogne et tutrice du futur Charles Quint. La régence se termina en 1514 à la suite de différends entre elle et son père. En 1521, Charles Quint rétablit sa tante dans ses fonctions de régente. Le 3 août 1529, Marguerite et Louise de Savoie conclurent à Cambrai la « Paix des Dames » qui constitua un court répit dans les guerres opposant Charles Quint à François Ier. Marguerite d'Autriche mourut à Mecheln le 1er décembre 1530.

Massys, Quentin : peintre flamand, fondateur de l'école d'Anvers, né en 1465 ou 1466 à Louvain, fils du chaudronnier Joost Massys. En 1486, il épousa Alyt Tuylt. En 1491, il fut admis dans la guilde de Saint-Luc à Anvers. Il épousa Katharina Heyns en deuxièmes noces et mourut à Anvers en 1530. Œuvres les plus célèbres : *Retable de Sainte-Anne* pour l'église Saint-Pierre de Louvain, *Autel de Saint-Jean* pour la guilde des menuisiers à la cathédrale d'Anvers.

More, Thomas : homme politique et humaniste anglais, né à Londres le 7 février 1478. En 1516 parut son ouvrage le plus célèbre, *L'Utopie*, dédié à Pieter Gilles, greffier de la ville d'Anvers. En 1523, il devint le porte-parole du parlement et fut nommé à la chancellerie du royaume en 1529. Fervent catholique et ne pouvant approuver la politique antipapale du roi Henri VII, il renonça à toutes ses fonctions en 1532. Comme il refusait de prêter serment, il fut condamné à mort et décapité. Son exécution eut lieu le 6 juillet 1535 à Londres. Thomas More était l'ami d'Erasme de Rotterdam avec lequel il entretint une abondante correspondance.

Ockeghem, Johannes : compositeur néerlandais né en 1425, probablement dans les Flandres. De 1433 à 1444, chantre à la cathédrale d'Anvers. De 1446 à 1448, au service du duc Charles de Bourbon à Moulins. En 1452, il entra au service des rois de France comme premier chapelain et maître de chapelle. Il mourut à Tours en 1497. Il fut notamment le maître de Josquin Desprez et fut considéré comme le chef de l'école franco-flamande.

Patinir, Joachim : peintre flamand (son nom est dérivé du mot flamand signifiant « pantoufles », sans doute parce que l'un de ses ancêtres en fabriquait), né en 1480 ou 1485 à Bouvines sur la Meuse. En 1515, il devint maître de la guilde de Saint-Luc à Anvers. Le 31 mars 1521, il acheta une maison à Anvers avec sa première femme Francisca Buyst. De cette union naquirent deux filles, Brigitte et Anna. Patinir se remaria le 5 mai 1521 avec Johanna Noyts. Dürer fut invité à ce mariage. De sa deuxième femme, Patinir eut une fille nommée Petronella. Quentin Massys devint le tuteur de ses deux premières filles. Le 20 mai 1521, Dürer lui offrit un dessin sur papier gris représentant quatre saint Christophe. Patinir mourut à Anvers le 5 octobre 1524.

Pesao, Francesco : consul portugais à Anvers. Dürer l'appelle « le petit facteur du Portugal, signor Francisco ». Il acheta à Dürer un petit tableau représentant sainte Véronique.

Pizarro, Francisco : conquistador né en 1478 à Trujillo (Espagne). Son père était un capitaine espagnol. En 1502, voyage aux Indes. De 1531 à 1535, conquête et destruction du royaume des Incas au Pérou. En 1535, il fonda Lima, capitale du Pérou. Il fut assassiné au Pérou le 26 juin 1541.

Plankfelt, Jobst : aubergiste d'Anvers. Il tenait

l'auberge « Engelenborch » au n° 19 de la Woolstraat où Dürer habita lors de son séjour à Anvers. En 1520, Dürer fit son portrait à la plume. Plankfelt mourut avant 1531.

Polo, Marco : né à Venise en 1224, il fut le plus grand voyageur du Moyen Age. Avec son père, Niccolo, et son oncle, Matteo, tous deux négociants, il alla en Chine (Cambaluc, aujourd'hui Pékin) via Bagdad, le golfe Persique, l'Iran et la chaîne du Pamir. Là, il gagna les faveurs du khān. En 1292, les Polo quittèrent le khān, traversèrent la mer de Chine, allèrent en Inde et rentrèrent à Venise en passant par la Perse. Prisonnier des Génois de 1296 à 1299, Marco Polo dicta à un codétenu ses souvenirs de voyage *(Le Million)*.

Rem, Lucas : commerçant d'Augsbourg né en 1481, il se rendit à Venise dès l'âge de 14 ans. Plus tard, au nom de la maison des Welser, il alla à Lyon et Lisbonne. En 1503, il négocia avec le roi du Portugal au sujet d'une expédition dans les pays d'outre-mer. Il se rendait souvent à Anvers. En 1517, lui et ses frères se mirent à leur compte. Le 15 mai 1518, il épousa Anna Ochainin à Augsbourg. Lors de ses nombreux et assez longs séjours à Anvers, il rendit visite à Joachim Patinir à qui il acheta plusieurs tableaux car il était très impressionné par ses paysages. Lucas Rem est mort en 1541.

Van Cleve, Joos (de son vrai nom : van der Beke) : peintre flamand né vers 1485. On l'appelait autrefois le « Maître de la Mort de Marie » à cause de son œuvre principale peinte en 1515. Il est mort à Anvers en 1540 ou 1541.

Villon, François (état-civil : Montcorbier) : poète et troubadour né à Paris en 1431. François Villon était d'origine pauvre. Sa vie aventureuse le mena plusieurs fois en prison. En 1463, il n'échappa à la potence que grâce à l'intervention du roi. Il vagabondait et composait des chansons et ballades pour les princes et les comtes, mais aussi pour les brigands et les prostituées. On perd sa trace dans les dernières années de sa vie. Il mourut probablement à Paris en 1463.

Tous les autres personnages sont fictifs.

L'auteur

Sigrid Heuck est née à Cologne en 1932. En 1949, sa famille s'installe dans une ferme, en Bavière. Elle suit des études de dessin à L'académie des beaux-arts et se spécialise dans l'illustration. En 1959 paraît son premier livre, dont elle a réalisé elle-même les illustrations. Depuis 1980, elle se consacre essentiellement à l'écriture. La série *Poney, le petit ours...* a été traduite en quatorze langues et *Le Secret de maître Joachim* a reçu le prix du Livre de jeunesse autrichien. Ont été publiés en France : *Poney, le petit ours et le perroquet* aux Éditions Nathan et *La Guerre de Rébecca* aux Éditions Rageot.

Cet ouvrage a été imprimé
par la Société Nouvelle Firmin-Didot
Mesnil-sur-l'Estrée
pour le compte des Éditions Gallimard Jeunesse
en septembre 1997

Loi n° 49-956 du 16 juillet 1949
sur les publications destinées à la jeunesse

Imprimé en France
N° d'imprimeur : 39876
Dépôt légal : septembre 1997
Premier dépôt légal : mars 1996
ISBN 2-07059137-9

83170